教练“好好说话”

——晋级优秀健身教练365条指引

李欣　著

人民体育出版社

作者简介

李　欣

五星级私人教练

创造多项私人教练全国纪录（单日、单月、年）
国内较早以个人名义开设培训课程的私人教练
国内较早私教业绩过百万团队
国内较早私教价格单价过600、1200、2000、5000、6000元/小时
获国际国内多项私教证书

多家健身及机构时尚杂志顾问
二十年从业经验
培训教练总人数100000+
私教课时数50000+
2004年开设普拉提工作室
2008年开设李欣普拉提
全国李欣普拉提店面数量100+
单节课时费6000元/小时

自序

2000年，大型连锁健身房首现上海——淮海路的美格菲。落地玻璃映衬着一排排跑步机，人们惊呼，这是健身房？2001年，青鸟健身兆龙店在北京创办，3000平方米经营面积，成了三里屯的时尚地标、明星聚集地。如果那时有微博、微信，一定也是网红聚集地。

也从那时，大家才了解，原来健身可以这样做，原来还有一个职业叫健身教练。我就是那个时代成长起来的首批私人健身教练之一。记得青鸟健身联合亚洲体适能（中国香港）首次在中国内地举办私人教练证书培训的时候，我的学号是002，即第二个考取执业证照的私人教练。

从100元一节私教课，到现在的6000元一节，我用了20年。现在的我有多重身份——老板、老师、教练，但我一直很荣幸地把私人教练作为自己的终身职业。在从业的20年里，每天14节课是家常便饭，早7点到晚10点半的上课时间伴随了我的青春。其中有感悟、有心酸、有回味、有激励，也想过放弃，但一直坚持了下来。如果说我这20年做什么了，无非两件事，即带私教课和讲课。

伴随着健身产业的发展，我们也在不断改变着自己。中国的健身产业带着独特性和传统的观念混搭。我一直说，私人教练，无论是在哪里工作，无论是创业还是在工作室和健身房，我们都是在经营自己。看到过很多教练的失败，也经历了自己曾经幼稚的失败，我把20年来的经验总结汇聚成一本书，供教练们阅读。

也许我不能教给你怎么成功，但我能帮助大家的是少走弯路，我用了20年，你也许只需10年！

做一名优秀的私人教练、学好技术、学会营销自己，一定要从小事做起、从细节做起，放低自己，不断磨砺。

目录

第一章 场景营销

LI XIN PILATES

很多时候，作为私人教练，不会说话成了硬伤，而年轻的教练们又血气方刚，总愿意表现自己的强势。而众多的营销模式，都是让你站在强者的位置和别人谈判。但实际上，设身处地为对方着想，才是一个好的销售、一个好的教练应该做的事情。作为服务行业的我们，要先学会谦卑，才能做好一个私人教练。

本篇从不同的场景下的说话技巧，力图给您以启发。

我们汇总了一些教练最常见的问题，比如会员迟到怎么办、遇到投诉退课如何处理，以及如何预约会员等常见问题，全部以对话形式进行。我们会给大家一份标准的话术，也会对常见错误进行解析，方便大家更好地理解。

有的时候，教练的专业知识再扎实、经验再丰富，但如果不会沟通，也很难得到会员发自真心地认可。毕竟良好的沟通也是服务的一部分，谁都喜欢和会说话、情商高的人在一起，会员也是如此。

很多时候，不是你的技术不行，而是某个词、某句话表达的方式让别人不满意。

在开始本章之前，我们先帮大家总结一些基本的沟通技巧，就算记不住我们给的话术，也能使用这些技巧去发挥，实现良好的沟通效果。

沟通的基本技巧

认同对方

不论是在回答问题还是在解决问题时，先认同对方，站在对方的角度感同身受，最起码会让矛盾化解一半。解决问题最忌讳的就是否定别人，否定就意味着争辩，争辩就会制造更大的矛盾，让问题恶化。任何时候出现服务或技术上的问题，我们都首先应该抱歉。只要掌握了这个基本原则，和会员沟通就会变得高效，也会大大降低不必要的麻烦，让节省下来的时间去创造更多价值。

赞美对方

赞美对方绝对不是信口雌黄，更不是无中生有。我们所说的赞美，是在认同的基础上进行赞美，比如会员的服装、妆容。对方遇到男性会员，应该更多夸赞身体又结实了、又长肌肉了；遇到女性会员，要经常说对方身材又好了、着装更精致了。注意：并不是简单的夸奖，而是夸奖她的特别之处，或是别人看不到的小点。

表达自己观点

自己的观点是要表达的，但顺序要稍微靠后，一定是在认同对方、等对方把话说完后，再阐述自己的看法。很多时候，如果先表达自身观点的话，很可能会和对方造成分歧，造成一些不必要的麻烦。

任何情况下都不能否定客户

否定客户是私教的大忌，我们和会员应该是共赢的关系，一旦否定了客户，客户就会对我们产生抵触心理。好的私人教练不应该遭到会员的排斥，而是应该越来越受会员喜欢，所以类似“不是这样的”“我觉得你这样说不对”等的回答，不应该从教练口中说出。

第一节　与新会员沟通

会员不是不想请教练，只是对教练的价值不了解，认为健身只要自己练练就行，出出汗就行。人对于陌生的事物，首先会表现出一种自我保护意识。要知道，运动的成本要远低于生病的成本，只要你认真去了解和倾听客户的需求并解决他们的问题，就是成功的开始。

对于新会员，最直接的方式是让其了解到自己训练的误区，也就是多年以来的错误；另外，新会员需要训练计划，我们把计划做出来，胜过千言万语。

所以，你常会遇到如下的提问。

1. 我几节课能瘦下来

回答：给您做好计划，如果可以坚持每周4次的训练，一般1～2周就能看到比较明显的效果。

解析：这么问的会员，通常想快速瘦下来，在回答问题时，千万不能说1～2周就能瘦下来，而要说"能看到比较明显的效果"。前者会让会员理解为这是你对他的承诺和保证。此外，这样的会员在做事时，往往还没开始就一大堆借口和托词，而且一会想这样、一会想那样。所以，我们要给对方一些信心。

错误回答：没问题！交给我，很快就能瘦。

错误解析：用不科学的方法，确实能很快瘦，但是脂肪减少得不多。而且理性的会员通常要"知其所以然"，重点要告知有"训练计划"。

2.（女会员）我觉得瘦挺好的，我不喜欢肌肉

回答：确实，您的身材已经很好了，只是有1~2个小问题需要改进。如果能够通过训练让臀部翘一点、腿再直一点，效果会更好。

解析：对于本身很瘦的会员来说，她们关注的并不是减脂，而是如何让自己瘦得更好看。会员不喜欢肌肉，那我们就可以告诉会员，如何能让臀更翘一点、腿再直一点、腹部线条再清晰一点，毕竟没人会嫌自己身材太好，会员之所以来锻炼，不也是为了可以拥有更好的身材嘛。

错误回答：只是瘦，并不代表身材好。现代追求的是身材匀称。

错误解析：不要否定别人的美，要循序渐进。所以，标准模式是："没问题，如果能如何办（指出某点需要通过力量练习改善的地方）会更好。"

3.（男会员）我从小就很瘦，我已经放弃了［对于想长肌肉的会员］

回答：三分在练，七分在吃。营养非常重要，如果训练结合合理饮食，一定能够达到非常理想的效果。

解析：很多会员认为自己瘦是天生的，其实大部分人是因为饮食不对。询问后就会发现，他们每天摄入的热量和营养根本不够一天所需。我们也可以给会员一些饮食建议，让会员对自己的饮食问题有所了解，同样也体现了教练的价值和服务态度。

错误回答：肯定是休息和吃的问题，跟我练就行。

错误解析：需要帮助会员找到具体问题，不要武断。现今会员和以前会员的区别是，要了解为什么才去练。

4.（男生）我想增肌，但怎么吃都不胖［新会员］

回答：增肌一定要少吃多餐。一天要6~8餐。另外一定不能熬夜。关键的训练部分要制订详细的训练计划才可以。这个我来帮您。

解析：除了告诉会员一些增肌的注意事项外，制订详细的训练计划才是关键。不要怕把计划给到会员后，会员就不需要跟你练了。他们拿到计划后就会发现，原来增肌不是随便练练就能行的。另外，如果你是男教练的话，你还需要把自己的身材练好，这样才更有说服力。

错误回答：肯定练得少、吃得也不够，要像我这样多吃。

错误解析：科学的训练是至关重要的，现在的消费者很理性和务实，要去帮助他们分析问题。

5.（女生）我想减肥，但喝水都长胖［初次见面时］

回答：您不用担心，其实不是喝水都胖，而是没有掌握好正确的饮食时间和饮食架构。很多人不吃饭、吃水果，尤其是晚上。殊不知，这样脂肪特别容易堆积。此外，零食和果汁所含的热量不可小觑，也是罪魁祸首。

解析：那些喝凉水都胖的人，一定是平时自我约束力不足，很容易被零食诱惑，而又不爱吃正餐。所以我们应该多了解一下他们平时吃什么、忽略了什么。

错误回答：新陈代谢一定是过低了，要加强肌肉，改善身体体质。

错误解析：不要盲目听信会员，多了解一下情况。不要突出肌肉，因为女生很怕肌肉。

6. 我跑步瘦了20斤，但体重很久没变化了

回答：仅仅跑步只能让你身材瘦下来，但由于有氧运动对肌肉的消耗也大，所以身材并不是特别理想。

解析：要想练出人鱼线、马甲线、翘臀，不加强肌肉是达不到效果的，有肌肉才能衬托身材。

错误回答：那是需要加大运动量才可以。

错误解析：单纯地加大运动量，并不能很好地减少脂肪，因为随着运动量的增大，体内能量转化的方式也在发生着变化，强度过大时，大部分能量消耗就不一定来源于体内的脂肪了。

7. 我想自己练，我觉得我自己可以

回答：好的，训练计划我给您准备好。您自己练习，有问题找我。

解析：对于这样的会员，唯有把训练计划做得超级详细，才能吸引他们的注意。所以计划要详细到每次做什么动作、做几组、每组几次，以及一周中不同时间的练习计划，并为他制定好阶段目标。

错误回答：你自己练，看不到问题，而且训练计划也不详尽。

错误解析：会员认为自己可以的话，一定就要认同他。因为一部分人接受新鲜事物慢，所以要给他一点时间体会。

8. 我才做完手术，医生让我活动活动

回答：好的，方便告知您做的是什么手术吗？作为私人教练，我们会给您配套详细的训练方案。如果是做康复训练，建议做静态训练，也就是小强度的静态对抗训练，这样可以有效提升神经对肌肉的控制，效果会特别好。

解析：大多数人都是严格听取医生的建议的，我们也是。所以，在允许的范围内，我们再给建议。

错误回答：医生对运动不了解，我们按计划做就行。

错误解析：在诊断和医嘱上，我们一定要听从医生的建议，然后配合运动处方达到最佳效果。

9. 我刚办卡，想自己先练练，等需要上课时再联系你

回答：好的，没问题。我先教您一些泡沫轴的放松方法，这个很关键，一定要在训练前做，可以有效放松紧张的肌肉，同时激活薄弱的肌肉。

解析：对于已经养成训练习惯且比较自我的人来说，先要投其所好。肯定他们的训练成绩，然后说一些他没听过的方式，为了让其引起重视，再表述自己的观点。

错误回答：一开始最需要教练，我们带您练才有效果。关键是让会员了解到还有更好的方法，然后让他们体验一下。

错误解析：这种强势的营销现在已经不大流行了。

10. 我自己以前就是做运动的，我自己可以练

回答：没问题。我们这里有一台比较好的评估设备，能测出您的身体成分及体态。这对您近期的训练有很好的指导性建议，您来试一下，同时检测一下近期的训练成果。

解析：对于做过运动的人，检测运动成果是很吸引人的。所以还是投其所好，然后结合测试的问题制订训练计划。

错误回答：虽然您以前做过训练，但现在的训练模式和以前截然不同。

错误解析：鬼才相信截然不同，我们要让会员逐渐了解。体态对于训练的重要，对于减肥增肌的重要。

11. 医生让我休养，我就先不练了

回答：好的。给您几个动作建议，这样康复起来效果会更快。我们和很多三甲医院的医生都有协作，现在这样的康复训练效果要比传统的方式快很多。

解析：医生对运动并不是很了解，就像我们对手术不是很了解一样。最主要的问题是我们说话要有底气，要有切实的案例。并且让会员了解到，康复训练强度很小，不用担心。

错误回答：生命在于运动，一定要开始练起来。

错误解析：私人教练盲目地带会员训练，可能会造成不必要的问题。所以既要配合医生，又要辅以运动疗法。

12. 我可不想长大块肌肉，像施瓦辛格一样

回答：确实那样的肌肉不大好看，而且需要特别辛苦才

行。我们可以让您在不太累的情况下，达到最好的减脂塑形的效果。

解析：当会员说不想练成大肌肉时，我们千万不要否定会员的观点，比如“你不可能练成那样的”之类的话，要知道会员在乎的不是能不能练成那样，而是如何能不练成那样。所以我们要先认同会员的观点，然后再告诉会员，我们的训练是让您在不太累的情况下，达到最好的减脂塑形的效果。

错误回答：您放心，即使想练成那样子，都不可能。何况您不想了（又变成了否定句）。

错误解析：会员不了解，我们再解释也没有用，重点在于告诉他们减肥不会增加过多肌肉。

13. 你能不能保证我一个月瘦20斤

回答：可以的，您的时间是否可以配合呢？如果可以，我们会设计全面的训练及饮食计划，让您健康地瘦下来20斤。在我们双方共同努力下，一定可以达到效果。

解析：这样快速减重是不科学的，但会员既然问到，我们首先要满足客户要求，再慢慢给他讲道理。

错误回答：①没问题，小意思；②这样并不科学，不建议您减这么快。

错误解析：不要保证什么，关键是让会员知道瘦身需要双方的配合。先让他们瘦下来，然后我们再讲肌肉的重要性。

14. 已经有教练给我打过电话了，不要再烦我

回答：抱歉打扰了，我叫××。我们这里有目前非常先

进的体态评估仪器和体测仪器，每一位教练都会给您做一份详细的评估、运动前后的数据对比和详细的训练计划，您有需要再找我。

解析：会员只是不了解教练的作用，你需要的是告诉会员，做好评估和方案，我们不会烦您。评估的数据也是要给您做个参考。

错误回答：之前给您打电话的教练是谁？是他呀，他可不行，教得不好。

错误解析：这样诋毁别人的话，是营销中的大忌。

15. 什么体验课，我不需要

回答：这个课程是给您做一份详细的身体评估，再根据评估的结果给您做一份完整的运动处方。之后您再自己练就行了，毕竟可以让您的训练效果更好，更合理地节省您的时间。

解析：会员抗拒教练，主要是以前被密集推销吓怕了。或者以前遇到低水平的教练，没有效果，不再相信教练。所以我们要给他们信息，改变以往的观念。最后重点突出，做好处方后，让会员再自己练习即可，让会员明白我们不是为了卖课。

错误回答：我们是给您做个体测，然后出份计划，带着您训练。

错误解析：说话没说到点上，会员很反感。

16. 我有朋友靠自己跑步瘦下来，我觉得没必要找私教

回答：跑步一定可以瘦下来的，只是效率不是最高的。而且女生跑步会瘦不该瘦的地方，大腿反而更容易粗了。我们教您一些技巧，您在跑步的时候一定想着臀部和腹肌发力，这样就能瘦腿提臀。

解析：在会员的概念里，只要瘦就行，他们分不清掉肌肉和掉脂肪有什么区别。此时，我们不要给予任何评价，只要告诉会员跑步时都有哪些注意事项以及不正确姿式的危害即可。

错误回答：跑步会造成膝关节损伤，一定要找专业的教练健身。

错误解析：不要否定会员长期坚持的一项运动。

17. 我有朋友在练，他可以教我

回答：确实可以的，您的朋友在我们这里是练得不错的。我到时给您两位做个进阶计划，训练的时候参考一下，都会比较好。

解析：遇到这种情况，不要问人家朋友专不专业、学没学过健身之类的问题，即便他的朋友不专业，我们也不要给予任何评价，在背后说别人不好是人品问题。与其评价批评，不如夸奖鼓励。其次，我们给会员计划时，一定要详细，这样会员才会意识到需要教练，因为我们和普通健身人士的区别就在于教练会做计划。

错误回答：他哪会健身啊，自己练得都那样子。

错误解析：否定别人就是否定自己。

18. 怎么能减肥最快（不吃饭可以瘦下来吗）

回答：先揉泡沫轴；然后做力量训练，结合小团体课

程；之后一定要做有氧训练，要注意控制速度，使心率保持在130~150次/分钟。每周练习4次会有明显改善。另外要注意饮食，少吃多餐，而不是不吃，尽量少吃水果和奶制品。

解析：当会员问如何减肥最快时，教练不要上来就推销私教课。我们应该先告诉会员方法，给出建议和指导，让会员知道私人教练的作用和价值。同时一定要告知其误区，让会员了解到问题的严重性。如果直接说买私教课的话，会员可能会认为你只认钱，而不是真的想帮他。会员已经被传统的逼单形式吓怕了，而少见教练的真诚交流。

错误回答：那肯定是请私教了，有教练指导监督，效果一定非常好。

错误解析：某些会员对私教稍有反感，所以不要盲目说私教的好处。

19. 没有运动基础，担心自己不行怎么练

回答：循序渐进地练，先做揉泡沫轴、简单的腹肌训练和臀部训练。先给会员做1~2个动作，找到感觉后再慢慢加。然后如果会员需要的话，我们再订一份详细的训练计划。告诉她揉泡沫轴都能瘦。

解析：初学者需要简单、趣味、有效的运动。不要让运动那么累，关键能找到感觉。现代私教销售模式重在体验。

错误回答：一定要买私教才能上课。

错误解析：这样回答有时会把会员吓跑了。因为刚开始练的人大多是怕直接说钱易产生抵触。

20. 为什么教练课时费有高有低？

回答：我们这里每个教练的专长都不一样，负责的项目也不一样，主要是根据课程来分的。当然，总教练的价格也会高一些。

解析：给会员一种不同课程不同价格的感觉，为了促进会员的二次消费。另外价格高低的区分，会让价格中等的教练更好卖课。

错误回答：每个教练的执教时间和经验都不同，所以价格不同。

错误解析：不要给会员这种感觉——初级的便宜，高级的贵。

21. 我朋友请过教练，所以我也想请一个

回答：好的。您看您今天是否方便，我给您做一个详细的身体评估，并根据评估的结果给您做一份详细的运动处方。

解析：会员已经愿意买课的时候，我们的目标就是为了让会员买更多的课程，这时可以设计一套详细的运动处方，而不要直接卖课。

错误回答：好的，没问题，请问您是买多少节课呢？

错误解析：会员已经要买课了，我们就不急着卖课了。要给会员设计详细计划，以请对方买更多的课。

22. 我昨天办的卡，到现在也没教练联系我

回答：实在抱歉，我帮您先确认一下教练，五分钟左右给您回复，可以吗？有可能教练正在上课，我马上联系。

解析：不要推卸责任，给会员具体时间解决问题，关键先道歉。

错误回答：教练可能在上课，您稍等一下，我去联系确认。

错误解析：新会员是不知道教练要上私教课，而且上课的时候不能接打电话的，所以我们要给会员详细解释。而且一定不能只是说“稍等一下”。

23. 我想给我爱人请个教练

回答：好的，您看约在明天下午5点可以吗，给爱人做一个身体评估，然后我再给她写一份训练计划。

解析：买课已经是肯定的了，我们要做的就是让客人更放心。

错误回答：好的，那就买和您一样节数的私教课吧。

错误解析：不评估，业绩会少50%。

24. 我身上有很多损伤，还能减肥吗

回答：您放心，减肥不仅仅是跑步，有很多种训练方式。而且我们会先通过1~3节课改善您的损伤再做训练。

解析：先让会员放心，我们再表达自己观点。

错误回答：减肥没问题，我们训练时注意一些就行了。

错误解析：这种半吊子回答，会让别人失去耐心。

25. 我想找个教练，看你挺好的，可以吗

回答：当然可以，很荣幸成为您的教练。在开始之前，我们需要先给您做个计划，您看方便吗？

解析：像这样比较直接的会员，我们也比较直接给对方做计划。

错误回答：当然可以，咱们今天就开始吧。

错误解析：这样的回答虽然也能卖课，但销售金额有限，客户忠诚度维护得也不高。

26. 做什么运动能最有效减脂

回答：首先明确，跑步运动虽然热量消耗比较多，但脂肪消耗得相对少。我们需要做的是做匀速的运动，保持一定心率的有氧运动。最好配合一定的力量训练，来提高代谢。“力量训练+有氧练习”，减肥比较快。

解析：针对会员的提问，我们的流程通常是先要说误区，再说正确的方式。目的是为了吸引别人的注意。

错误回答：只要管住嘴，多运动，是可以很快瘦下来的。

错误解析：所答非所问，会员问的是什么运动最减脂。

27. 我跑步声音怎么这么大

误区：70%的人跑步都是整个脚掌拍到地上，而多数人都认为没问题。殊不知，这种方式会让腿越跑越粗，完全锻炼不到臀部。

回答：您别担心，很多人都是这样跑步的。主要原因足弓力量不足、小腿前侧的肌肉过紧张，跑步的时候整个脚拍到地上，不大容易锻炼到臀部和腹部，力量都集中在大腿和小腿上了。

解析：重点放松胫骨前肌，拉伸髂腰肌和大腿后侧，加强臀部的训练效果。

第二节　场地开发

场地开发，也就是场地里和会员的沟通，最基本的模式是：找到会员问题并直接指出，说出危害以及改进方案，用最短的时间得到会员的信任。因为这个时间段，会员在锻炼是不希望被打扰的，如果我们说起来没完，势必遭人反感。

比如在有氧区，我们发现到会员的问题，下面的流程是：

◇在不吓到对方的情况下上前（通常从会员后面冒出来会吓到别人）。

◇直接上前指出问题。

◇说危害（不正确姿势带来的危害，或造成哪里不好看了）。

◇进一步扩大危害（时间长了，会影响到的一系列问题）。

◇说改进方案。

◇每次指导不超过5分钟。

1. 练胸没感觉（男性）

回答：练胸之前要先激活一下胸部，效果会更好。或者我这里有个按摩球，您试试看把胸部的肌肉放松一下之后再练。

解析：由于圆肩问题，导致人们在练胸时找不到发力感觉，反而更多的是肩部和手臂发力。所以只要放松加激活，胸部的训练效果就会大大提升。

错误回答：多试几个动作，一定能找到感觉。

错误解析：如果一开始不能吸引到会员，让会员感觉有效，后面的销售就都会受影响。

2. 练臀时腿酸（女性）

回答：这个问题很常见，久坐总会造成大腿前侧和小腿血液循环不畅通，很容易肿胀，臀部则处于松弛状态。刚开始参加健身，大腿发力会特别多。建议先放松一下大腿前侧和小腿，同时激活臀部，就很容易找到臀部的训练感觉。

解析：除了腿酸，很多会员在练臀时也会出现腰酸的现象，解决方法一样，放松大腿前侧和小腿，同时激活臀部。

错误回答：我们换个动作试试。

错误解析：“试试”这两个字就让人产生了怀疑。

3. 练二头肌没感觉（男性）

回答：曲柄杠铃更容易找到感觉，能够让二头肌显得很饱满，注意不要含胸驼背。

解析：直柄会增加小臂和肩关节的压力，建议初学者用曲柄杠铃。同时适度内旋肩关节，微微打开肘关节，可以有效强化二头肌长头和肱肌。

错误回答：换个动作，找一下感觉；或是加一点重量试一下。

错误解析：要找到最简洁的方式，让会员感受到效果。加重和换个动作是最初级的方法，有点基础的会员自己就能想到了。

4. 练背没感觉（男性）

回答：建议练之前先放松一下后背，尤其是菱形肌，这样在做动作时肩胛骨会比较容易收紧，背部就好找感觉。

解析：由于现在人们经常伏案工作，导致背部肌群处于长期被拉长的状态，所以背部是现代人的弱项部位之一。甚至有的时候，帮会员放松完背部，会员仍然找不到感觉。为此，我们还可以帮助会员做背部的激活训练。

5. 练三角肌没感觉（男性）

回答：平时工作和开车，让背部和颈部特别紧张。人们有个习惯，一发力就会先调动紧张的肌肉，先给您放松一下肩颈部，再去练习，效果会明显提升。

解析：由于每个会员的紧张程度不同，所以不建议用手法帮会员放松，而且第一次见面就和会员有身体接触，会员也可能会有反感。所以建议用按摩棒或是磁疗棒帮会员放松。

6. 训练没问题，只是练完后怎么吃呢

回答：训练后的一餐非常重要，建议按水和蛋白粉4：1的比例冲服，结合蛋白质和碳水1：2的比例补充营养。其他可以暂时忽略不计。

解析：早餐和训练后加餐非常重要。营养跟不上的人，更要注意补充的时间点，质胜于量。

错误回答：多吃，尤其是蛋白质。

错误解析：精准的回答才能引起共鸣。

7. 我只想上瑜伽和团课

回答：瑜伽效果很好，抽空我给您做一份精准的训练计划，配合您的团体课，效果一定会很不错。如果希望更快地减脂塑形，我再介绍一个方法给您，尝试看看。

解析：对于热爱瑜伽的人，一定要肯定瑜伽的功效。然后介绍一些塑形的动作让会员去感受效果，循序渐进地影响他们。

错误回答：瑜伽又不减肥，有氧运动才减肥。

错误解析：不可否定任何运动模式，瑜伽练好了同样可以减肥，只是效果相对慢一些。

8. 跟着APP练就可以了，不用再花钱买私教

回答：初学者使用APP效果会很好，但是，有一定水平的健身者，就需要针对性的训练了。也就是说减肥之后，重点在于塑形和改善亚健康状态。这样才能让身材显得性感挺拔。

解析：对于电子软件的流行，很多人趋之若鹜，但就像我们刚才说的，开始一定有效果，当进行到一定阶段，电子设备并不能检测什么地方需要进一步改善，所以就需要私人教练帮助其制订进一步的训练计划。

9. 训练总是耸肩，做什么都脖子酸，怎么办

回答：平时可能工作压力大了，我们先放松一下，然后加强一下背部肌肉就会好很多。

解析：对于久坐办公室的人来说，斜方肌极其紧张，要充分放松好斜方肌等肌肉再做训练，加强背部会解决很多问题。

错误回答：平时运动太少了，导致背部压力大。

错误解析：谁都知道自己运动少，不用过度强调。

10. 训练时腰酸

回答：不用担心，通常是腹肌没收紧，很影响训练效果，您试试看轻轻咳嗽一下收紧腹部。以后做其他运动时也是要如此，这样无论增肌减肥，都可以效果倍增。另外，如果刚开始训练，身体需要一定的恢复时间，这个阶段可能也会有点酸，一周左右就会缓解。

解析：此时会员需要的是定心丸，我们给他们做好思想工作，他们就会好很多。而且务必告知对方，在开始的训练阶段，肌肉出现酸痛是正常现象。

11. 跑步时小腿酸

回答：这主要是因为久坐，导致臀部和腹部的力量变弱了。而且久坐会导致下肢血液循环不畅通，所以一发力紧张的地方先发力，小腿就容易特别使劲，建议先放松一下小腿和足底，再跑步，效果会特别好。

解析：大多数人因为久坐，已经疏于基本的走跑跳跃了，我们要给他们解析具体为什么出现这些问题，以及是否可以改善。

12. 为什么越跑腿越粗

回答：主要是姿势的问题，跑步的时候脚尖先落地，这样不仅大腿前侧受力多，而且小腿的压力也特别大，建议先放松大腿和小腿再跑步。跑步的时候应该脚掌过渡到脚尖，感觉臀部和腹部发力更多一些，这样跑下来不但可以瘦腿，还可以提臀。下次您跑步的时候，我教给您一下姿势。

解析：一定要给会员解释好为什么，对方听明白了，自然就会按照我们的建议去做。

13. 你可以帮我保护一下吗

回答：没问题。教练上前后，一定要注意保护的方法，并给予鼓励。一般是在会员推不动的时候给一点外力，让会员可以完成动作，并且口中要说“起、加油”等话术，辅助其完成动作。

解析：通常需要辅助的会员都是有些健身基础的会员，而当他们需要辅助时通常是想挑战一下大重量，或是突破一下自己的极限。如果教练在辅助时发力过多的话，会员就会失去一次突破和挑战自己的机会，会员也很难练到位，最后留给会员一个不专业的印象。所以辅助时一般是在会员推不动的时候给一点外力，让会员可以完成动作，并且要有话术，鼓励其完成动作。

错误回答：我正在忙。

错误解析：不要直接说正在忙。确实不能分身的话，首先要道歉或表明自己正在上私教。

14. 请问这个怎么练

回答：教练在辅导时，要注意三点：首先，讲解动作要领不超过三个；其次，在会员做动作时要从矢状面和冠状面分别辅助会员并给予鼓励；最后，在会员做完时，告知其问题及改进建议。指导时间不超过5分钟。

解析：讲解动作要领不超过三个，是因为说得太多怕会员记不住。从矢状面和冠状面分别辅助会员，是因为不同的角度会有不同的问题，而且从不同角度看问题，也显得认真负责。指导时间不超过5分钟，一是为了让会员感受到教练的价值和作用，能够让会员在短时间内学会动作并找到感觉，其二也是为了避免会员出现蹭课的现象。要表现出你还是比较忙碌的。

错误回答：这个很简单，呼气发力，吸气还原。

错误解析：对付了事，很难让人信服。

15. 为什么我训练没感觉、不出汗

回答：很大可能是腹肌没收紧。腹部是身体的核心部位，如果这里不发力，训练的效果会大打折扣。很多人运动的时候不出汗也是这个原因，当核心收紧了，热量消耗才大，才真正能达到减脂塑形的效果。

解析：很多会员认为训练没感觉是因为强度太小，不出汗是因为运动量不够，这是常见的误区之一。会员之所以这么认为，是因为他们不知道核心的重要性，更不知道在训练时如何收紧核心，所以只要我们告诉会员如何在训练时收紧腹肌，会员就会马上感受到效果。

错误回答：每个人的汗腺多和少是天生的。

错误解析：很多事情不一定是天生的，多数问题都可通过训练改善。

16. 肚子大怎样减

回答：所有运动都选择不稳定训练，在训练中随时需要收紧腹部，减肚子的效果特别好。但不做或少做卷腹类的动作，那些是帮助刻画线条的，先瘦下来，再练线条。深层的腹肌训练效果更突出。

解析：一提到减肚子，会员的第一反应就是仰卧起坐、卷腹，但这些训练对于会员来说，不仅非常累，效果还一般。所以我们要告诉会员，如何在不特别累情况下，还能让肚子瘦下来。

错误回答：跟着我多练就能瘦下来。

错误解析：现在会员需要的是，在不很辛苦的情况下完成目标。

17. 游泳圈怎么练

回答：这个比较容易，但您要注意，千万不能做卷腹和卷腹以后的旋转。减腰两侧脂肪的赘肉，关键要做身体不弯曲的旋转，也就是挺直背部的旋转训练。

解析：有游泳圈的会员，主要是因为久坐导致脊柱形状发生改变，腰椎变直后，血液循环不畅通，导致脂肪堆积。所以我们不能再过度挤压腰椎，关键是要让腰椎变灵活，骨盆变灵活。

错误回答：多练腹肌。

错误解析：腰椎的灵活度是关键，所以有些动作少做，比如弯曲＋旋转的动作。

18. 胸部不好看能改善吗（女性）

回答：一定可以的。胸部的挺拔关键在于背部的训练，背挺直了，胸部形态就改善了。另外亚洲人的胸部特点是外扩，主要和腹部的力量不足有关。要想改善腹部力量，仰卧起坐并不是首选，它可能更适合运动员做训练；对普通人来是，只要改善了挺肋骨的习惯，胸部自然向中间收拢了。

解析：首先要为会员建立信心，其次会员一想到练胸，第一反应就是推胸。然后很多女性认为，胸部只会越练越小，所以为了避免这种误区，我们要告诉会员练背才是让胸好看的关键。

错误回答：多练胸，很容易改善。

错误解析：女生多练胸，适得其反。

19. 喝凉水都长胖

回答：您不用担心，我们来分析一下原因，看看如何合理地去调整。

解析：遇到认识的会员时，和前面的解答不大一样。重点了解会员的饮食，一定不是喝凉水都胖。这样的人通常饮食不规律，零食水果居多。所以多帮助会员分析一下具体什么原因导致，一定要详细询问。比如喝了什么水都要详细询问。要知道一杯果汁里就含有50克糖，一瓶易拉罐碳酸饮料里就有10颗方糖。

错误回答：不可能的，肯定是吃了不该吃的东西。

错误解析：不要一上来就不给人家台阶下。因为不是第一次接触，所以直接帮其分析原因。

20. 身上都是“死肉”，怎么练都练不下去（即肌肉型肥胖）

回答：您别灰心，其实只要方法得当，很快能改善。这主要是体内代谢问题导致，我们以后训练的时候多揉泡沫轴，尤其是大腿外侧，让身体经络畅通了再练，不用多久就能改善。

解析：这类型的人群，通常误服过激素类食物或药物。也有可能曾经使用过大量化妆品，导致体内激素水平发生变化。比如小的时候是运动员、儿童时期吃过大量油炸食品等。所以我们要做的是改变他们的身体循环，而非一味地加强度。每次训练前揉泡沫轴的时间控制在20 分钟左右。一般人是在训练前揉3~5分钟。

错误回答：这很容易，肯定是平时运动量过少了，咱们加些强度训练就好。

错误解析：此类人越加强度，越不容易减下来，因为身体会更加不通畅。

21. 怎么我越减越肥

回答：您别担心，这种情况确实挺常见，通常是过度节食导致的。过度节食会让体内激素水平发生变化，导致代谢缓慢。而且消耗的不是脂肪，是肌肉。一旦恢复正常饮食，身体为了应对再次出现这种情况，就会超量吸收热量和营养，导致肥胖。还有，要选择合适的运动，比如跑步、游泳等中等强度的有氧运动。

解析：过度节食会让体内的新陈代谢降低，导致每天热量消耗越来越低。要少吃多餐，适当增加蛋白质的摄入，中午和晚上减少主食的摄入。当你过度饥饿的时候，实际已经在消耗体内的肌肉而非脂肪了。体内肌肉越少，身材越走型，样貌越衰老。而且人体为了避免再次出现这种饥饿状态，一定会在下一次的饮食中摄取并储存更多的热量。所以，脂肪越来越多。

错误回答：减肥过程中会增加些肌肉，同时减少脂肪。要知道，同等重量下，脂肪的体积是肌肉的三倍。

错误解析：解释虽然正确，但不是会员想听的。对方就想知道为什么不瘦。而且对于刚接触健身的女性来讲，很怕听到肌肉。

22.（蹭课的会员）教练，帮我保护一下

回答：好的，没问题。然后帮助其保护一组，在保护的过程中鼓励，同时寻找训练动作中是否存在小的问题并指出。在组间休息时，告知其动作不正确的危害和注意事项。但不要详细阐述具体方案，比如推胸时肋骨外翻会练不到胸部中间的位置，试试看肋骨下沉再练。指导时间不超过5分钟，就要去服务其他会员了。

解析：如果服务过长时间，会员反而以后会习以为常，不会珍惜私教的价值。

错误回答：切忌一直在旁边保护到会员这个动作结束。

错误解析：不要让会员感觉你很闲。随传随到，要表现得比较忙。

23. 我不需要教练

回答：好的，打扰您了。给您一份运动处方，然后您就自己练，您看呢？会员可能会说：“我不要计划，自己都会。”我们的回答是：“好的，这个评估系统非常先进，而且我们会结合您的体态做出进阶计划，您可以参考一下，这对您的训练还是有挺大帮助的，而且我会把一些新的方案定期发给您。”

解析：会员不接受教练，大多数不是钱的问题，而是觉得私教的作用不大；另外，并不是会员真的不需要，而是他们的需求特别多，多到自己都不知道了。所以我们要通过写计划和借助仪器的体态评估，让会员认识到计划的重要性以及需求能被改善的预期，从而体现教练的作用和价值，他才会考虑私人教练。

错误回答：直接心灰意冷，态度冷漠地离开会员。

错误解析：不是所有会员都是一次成交的，有时候会员只是保持观望，所以要给对方留一个好印象。大多数人遇到这个问题就直接走了，浪费了机会。记住跟踪服务至少7～11次。

24. 我已经有教练了

回答：抱歉打扰您，我从体态的角度，给您一些建议和进阶的训练计划，要知道不同阶段方案也不同，希望能帮到您。

解析：能够给会员做详细计划的教练，在中国甚至世界范围内，不超过5%。所以当你做好那5%的时候，会员自然会找你做教练了。

错误回答：好的，您有需要再找我。

错误解析：这样的回答会很奇怪，会员认为，我有教练干嘛要找你。

25. 我之前请过教练，没什么效果

回答：现在健身方法更新得非常快，我们会根据您的身体状况及体态评估，制订一套完整的阶段性训练方案，您按照这个练就行。我们做好计划给您，您不一定要找教练。先试试看吧。

解析：会员可能是对以前的教练失去了信心，才说这种话。但他如果一旦看到现在你给的计划及训练模式，还是会来继续请教练上课的。毕竟独自训练还是很难坚持的。而且要突出"计划给您，您自己可以练"。

错误回答：您以前的教练估计不认真，没有给您制订计划。

错误解析：否定会员以前的教练就是否定客户。

26. 我就是来出出汗，没什么需求

回答：好的，为了更有效果，我给您做一份训练计划，您可以参考着练。（选择他正在做的运动进行指导）尤其要注意跑步的时候，脚掌过渡到脚尖，这样可以很好地让臀部和腹部发力。您跑步时脚掌整个拍在地上，这样大腿前侧和小腿就发力较多，容易造成腿部紧张。

解析：此类会员的问题是最多的，需求也是最大的。即使会员说不用，我们也要把计划做好给到会员。再给他一些小建议，慢慢改变他们固执的心态。比如跑步，大多数人认为出汗就能瘦，其实并非如此。教练要用一些健身常识逐渐让会员认识到教练的价值。说一些他最擅长的运动中的误区，以引起其重视。

错误回答：光出汗是不够的，要想效果好，还要做专项训练。

错误解析：太笼统的回答反而招人反感。教练的初衷是好的，但会员的意识需要我们慢慢引导。

27. 已经好多个教练找我聊过了

回答：对不起，打扰了。只是您刚才在练习的时候有一个小问题（帮这个会员改进问题后就离开）。

解析：这样的会员已经很反感教练，所以不要花太长时间打扰会员，只是指出问题后就走。

错误回答：我和其他教练不一样。

错误解析：这样回答太幼稚了。对于已经反感教练的人，不要让他再反感了。

28. 教练，你有腹肌吗（你怎么看起来没什么肌肉）

回答：当然了。我们每天一练，还要控制好饮食。

解析：会员问到这个问题，直接正面回答。

错误回答：教练不一定都有腹肌，只要教得好就可以。

错误解析：怎么可能，一个自己都练不好的人，怎么教别人?

29. 我不需要指导

回答：打扰您了，只是刚刚看到您有一点外八字，而且是单腿外八字，您下次练习的时候稍微注意一下，因为这样不容易让臀部发力。

解析：一般心虚的会员，或刚接触健身的人，才说我不需要指导。会员说不需要教练，我们不要上赶着再说什么，而是仅仅指出一个最关键的问题，让会员自己体会。有几次就认可你了。

错误回答：练习的时候，很多问题自己是看不到的，需要旁边有人指导。

错误解析：一再强调教练的作用，而会员并不感兴趣。

30. 会员找教练套近乎，跟你聊天怎么办

回答：方法一，以肯定或否定的词语承接。让话题没有可延展性。

方法二，保持一个良好的姿态即可。标准站姿或单膝跪地。若是松散的姿式，会让聊天成为可能。

解析：会员想聊天，无非是想套近乎，适当保持距离、保持神秘感很重要，但态度一定要特别好，有耐心，保持微笑，无非是想中间休息时间长一点。所以，我们可以和会员简单地聊。但为了不展开话题，参考前面两种方法即可。

错误回答：咱们先练吧，回头再说。

错误解析：闭门羹一旦出现，势必会引起会员的不高兴。

31. 会员经常找你指导动作怎么办

方式：应承并马上过去，但指导时间不超过五分钟。

解析：不能正面拒绝会员，因为我们是服务行业。但难免会遇到蹭课的人，指导时间不必长，给会员指出一些问题后，不用等完全改善，就该服务其他会员了。要给会员留下这样的感觉——教练很热心，但又很忙，能指出问题。

错误回答：好的，然后一直服务一个人，变成了免费小私教。

错误解析：这样既不会促使这个会员买私教，又耽误了服务其他会员的时间。

32. 普拉提 / 瑜伽是女人练的，我才不练

回答：普拉提重点的作用是让身体调整到正确的位置，再做训练。所以做任何训练前，先调整一下体态，或是激活一下弱项肌肉，效果会事半功倍。

解析：普拉提重点在于改善姿态和调整弱项肌肉，让人体恢复到正确位置。比如，跑步的人，为什么有的人越跑腿越粗，主要是因为平时久坐，大腿前侧和腰会特别紧张。人体的习惯是会先调动紧张的肌肉发力，而非需要锻炼的肌肉。所以，通过普拉提调整体态很重要。另外，瑜伽的作用是身体的内在调理及柔韧性的改善，但大多数男人忍受不了拉伸的痛。

错误回答：国外很多人练普拉提呢。像科比以及很多明星。

错误解析：这样的回答会给会员一种 “连这你都不知道” 的感觉，间接地否定了会员。

第三节 谈单技巧

谈单是成交的关键环节，很多教练有技术、够专业，但不知道如何谈单，让会员白白流失。传统模式更多的是要求客户购买，这样反而会让客户感到反感和抗拒，正确的方法应该是做好菜单和产品介绍，让客户对你更加了解，当会员知道你能够解决他的需求时，自然会找你上课。

时代不同了，传统的谈单技巧我们已不用，而且不适合现代人群，你需要的是改变。

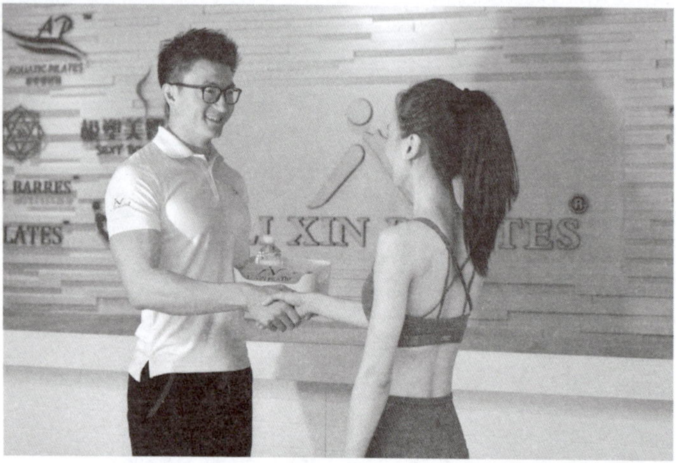

1. 你们私教多少钱一节课

回答：方法一，我们会给您制订详细的运动处方，根据您购买的数量价格会有不同程度的优惠；方法二，直接说，但要注意价格从低往高说，如私教价格200~800元不等。

解析：切忌不能直接报私教价格，因为客户不了解私人教练，所以直接报价格通常会让人觉得贵；如果一定要报，我们要从低向高报价格。

错误回答：直接报私教价格。

错误解析：直接报价会吓走会员，因为人们对陌生的事物都会有怀疑和恐惧。

2. 为什么私教要另收费，价格还挺贵

回答：确实价格不便宜，但我们的作用是帮您最大限度地节省时间，像您这样的精英人士，时间一定是非常宝贵的。我们会给您制订一套详细的训练计划，并且在训练过程中及时发现并改进各种问题。

解析：当会员问这个问题时，有的时候是明知故问，通常是因为他们对教练的作用和价值还不了解。在回答问题时，先要认同会员的说法，确实价格不便宜，然后再介绍教练的作用和价值。

错误回答：因为我们作为教练每天又要学习，又要工作，还要训练。

错误解析：废话，哪个工作不是这样。

3. 价格太贵，又不一定看到效果

回答：我觉得，我们练一次就保证一次的效果，同时您可以掌握一定的方法，这样以后自己无论到了哪里都可以训练。每次训练都能看到明显效果并非不可能，这种瘦可以保持几天的效果！但要想长期有效，还是要多坚持。

解析：会员们通常认为，健身是持久战，要两三个月才能见到效果，但实际上只要流程和方法正确后，只要一次训练就能看到效果，比如一节课就能让腰围变细5厘米，比如一节课就能让臀上翘。同样我们还要让会员明白，教练不仅是带他练，还会教他如何练，让他拥有好身材的同时，还学会了一项新技能。

错误回答：贵有贵的道理。

错误解析：不要讨论价格，而是价值。

4. 你能不能保证我有效果

回答：双方努力配合，再加上完整的训练和饮食计划，效果一定比较理想。

解析：效果当然可以保证，但一定要双方努力配合，如果教练不强调这句话而直接承诺，通常会出现两种情况。一种是会员认为你是骗子，不努力就能见效，天上掉馅饼；另一种是会员会随便吃、不常上课，最后发现没效时，他们会把责任推给教练，因为是教练承诺过的。

错误回答：当然可以。

错误解析：过度夸大，反而让人心有疑虑。

5. 谢谢教练，我再考虑一下

回答：好的。这个是您的训练计划，我今晚发到您邮箱。您需要近期注意改善大腿及腰部两侧脂肪的问题，有需要再找我。

解析：给了会员训练计划，并定期跟踪，效果会更好，更有机会让会员续课买课。同时要指出一个他自己改善不了的问题，这样才会让会员对私教有了解。

错误回答：好的，那咱们随时联系。

错误解析：通常教练放弃的可能性比较大。

6. 教练，我没钱

回答：没关系，我先给您做一个评估，再给您一份训练计划。我们每隔一月上一次课，调整一下训练计划即可。

解析：现在没钱的会员不代表以后也没钱。即使真没钱的客户，我们也可以尝试让他买一节课。所以关键是信心。

错误回答：好吧，那您有问题随时找我。

错误解析：直接放弃了。要知道，如果跟踪五年，这人说不定有钱了呢。

7. 我没时间，太忙了

回答：我理解，像您这样的精英人士，时间一定非常宝贵。作为您的私人教练，我希望能帮您节省时间、提高效率。健身其实随时随地都可以，我教给您一些事半功倍的方法，您先试试看。

解析：强调教练的价值是节省时间、最大限度提升训练效果。

错误回答：锻炼必然要坚持，不然没效果。

错误解析：重点不是没时间，而是告知如何节省时间。

8. 我坚持不了，花了钱也是浪费

回答：好的，咱先一个目标一个目标地实现，我觉得您可以先用一周的时间瘦腿提臀，然后再说其他。其实锻炼很简单，并不需要太累，但是要有效果。然后在体验的时候让其感受到效果。

解析：教练的作用就是让会员能够坚持，把大目标变成小目标。

错误回答：好吧，您有问题再找我。

错误解析：直接放弃，要告知会员练一次就有一次的效果。

9. 我经济紧张，暂时不考虑

回答：好的，我先把计划给您。您先按照练（不用跟会员提钱的事情）。

解析：这样的会员，要么是真没钱，要么是不相信教练，我们需要先发掘到他的需求。但前提你的计划要做得很详细。

错误回答：态度马上转变，直接结束沟通。

错误解析：此类会员可以长期跟踪，每次给他一些心得知识。

10. 我经常出差，不能坚持锻炼也没用啊

回答：除了平日训练，我们还会给您一份出差时的训练计划。抓住零星时间，一定可以达到效果的。

解析：告知会员我们能够辅助到的。

错误回答：出差也要坚持，一定可以的。

错误解析：谁都知道要坚持，需要具体解决方案。

11. 我担心我自己练不好

回答：不要紧，咱们可以先试试，看看您喜不喜欢这个运动。其实只是第一个星期比较难坚持，后面逐渐效果明显了，您就坚持下来了。

解析：把大目标换成小目标，而且找些会员喜欢的方式，让他逐渐热爱运动。

错误回答：没关系，慢慢来。相信我们一起努力是会有效果的。

错误解析：到底怎么努力？没有具体内容，谁会相信你？！

12. 能不能给我做一个短期计划，让我自己练

回答：当然可以。我今晚就把计划给您。

解析：会员要计划，一定给。要写得详细，详细到他自己都无法独立完成，才会请私教。

错误回答：抱歉，只有请了私教我们才会有计划。

错误解析：先拒人千里之外，不好销售了。先有舍，才有得。

13. 能不能打折

回答：我们会根据您购买的课程数，有一定的折扣。

解析：我们可以将课程设定为打包价，课程买得越多，折扣越优惠。

错误回答：好的，我帮您申请一下。

错误解析：一上来就说申请，会员认为价格水分太大。太快妥协会让人觉得还可能有更多优惠。

14. 我买10节课，你能不能送我2节课

回答：我们是阶梯状定价，购买的课越多价格越优惠。建议您再多买几节课，这样可以享受更优惠一点的价格。

解析：阶梯定价是最好的方式。送课就像无底洞，出现一次还会要求更多。

错误回答：我们这里不送课，抱歉。

错误解析：不要把焦点放在送课上。

15. 能不能给我最低价

方式：当客人要讨价还价时，重点我们先要做一遍产品介绍。不能把主动权放出。如果已经是能给的低价了，会员还想便宜时，我们就再做一遍产品介绍。

解析：不要讨论价格，而是价值。

错误回答：我们已经是最低价格了，要不再赠送您一件小工具？

错误解析：讨价还价是无底线的。

16. 私教课太贵了

回答：先讨论价值和计划——然后再告知对方，我们还有收费的小团体课，同样给您一份计划。

解析：有的时候会员认为贵，可能是会员真的没有钱，遇到这样的会员我们要做的并不是一味推销私教。为了避免会员流失，我们也可以为会员介绍其他课程进行选择。

错误回答：我们一直是这个价格。

错误解析：好的销售是帮客户想办法，而不是给客户制造困扰。

17. 我回去商量一下

回答：好的。您看是否有时间和您夫人（先生）一起来，我们给您做个家庭计划？然后务必约好时间。

解析：会员想要商量是很正常的，但是就怕会员商量的对象对健身不了解，一听要花这么多钱就否定了，所以最好的办法是让家人一起来，然后再为他们讲解和设定计划。

错误回答：好的，那等您商量完记得联系我。

错误解析：通常商量的结果都是否定的。

18. 我要出差，等回来的时候吧

回答：好的。您现在有时间的话，我先告诉您出差时的训练计划，您试试看。

解析：不论会员是委婉拒绝，还是真的出差，我们都要为会员制订出差计划，目的是为了体现教练的服务态度。

错误回答：没关系，那我等您回来。

错误解析：会员每天有很多事情要忙，所以他们并不会记得和你的约定。

19. 为什么你的价格贵

回答：我们这里每一位教练都很好，都有自己的特色。只是不同的产品价格不同，每位教练擅长的特点不同。

解析：一般这么问的都是逗闷子，不用过于关切。其实会员之所以认为你的价格高，是因为他还不知道你的价值和作用，今后他就不会这样问了。就像头等舱要比经济舱贵很多，但没人会问为什么。

错误回答：因为我比其他教练专业。

错误解析：不要用诋毁他人的方式来证明自己，这样并不能使会员认可你，反而让会员看笑话。

20. 为什么要请教练

回答：很多时候，动作是否正确，如何发力，自己是观察不到的。私人教练最主要的作用是帮助您发现问题、节省时间，在更短的时间内达到更好的运动效果。私人教练还会根据您的身体情况，为您量身订制一套行之有效的训练计划。

解析：问这种问题的会员，通常是对私人教练不太了解。也许他们听说过私教这个职业，但却不知道我们具体的作用和职责。也许有人认为，教练脾气暴躁、头脑简单、四肢发达，只是教一下设备怎么用，没什么本事。不要着急，靠我们的行为和耐心去改变他们，让对方发现你的价值所在。

错误回答：自己练见效慢还危险，很多会员本来想练臂结果腿越来越粗，浪费时间。

错误解析：这样的回答，首先会吓到会员，其次会员可能认为你是为了让他买课才故意这么说的。

21. 我还用再续点课不

回答：训练需要持续，我们的计划就是为了让您不断提升。我们会根据您现阶段身体情况，再详细做一份计划。

解析：会员有这样的问题，我们一定要按捺住冲动，给她继续做新课程推荐和计划。

错误回答：当然，和以前一样再续50节。

错误解析：这样说的时候，续课量往往会减少。

22. 之前效果不理想，我不想再浪费钱了

回答：我很理解您的感受。我给您做一份计划，您先按照这个练，不收钱，有问题您随时问我。

解析：很多教练在遇到这种直接拒绝的情况，通常会认为会员不会再买课了。其实我们不用担心这个，我们只要把训练计划给会员做好，让会员知道我们的价值，会员自然会找我们。

错误回答：我和其他教练不一样。

错误解析：这种话一说出口就完了。

23. 准会员到店参观

一定要先坐下来聊一下，然后上菜单（私教产品手册）。菜单是最简单有效发掘客户需求的办法，对方落座后，先让对方看私教产品菜单，以了解其需求。如果直接问对方健身需求，就过于直接，会员很难说出真实想法。了解完情况后再带参观。

24. 老会员续课

首先要掌握续课的流程：

（1）先要有效果。

（2）要求会员续课。有两个时间点会员买私教课的冲动最强烈：一是刚上第一节课时，二是有一定明显效果时。

（3）持续更新技术和服务，让会员感觉你一直在进步。

（4）当效果不错，同时课程还有三分之一就要结束时。

25. 会员转介绍

先要保证有很好的效果，才会有会员转介绍。一旦有转介绍了，还是要评估和写计划。

转介绍最有效的办法是先要让会员自己有效果，他身边的朋友自然会问。也可以要求会员转介绍，前提一定是会员已经有效果了。

还有一种转介绍的好方法是给会员拍好看的照片。会员平时多是自拍或生活照，运动照很少，所以只要你能拍出好看的照片，下课后发给会员，会员自然会转发朋友圈，这样也可以起到转介绍的效果。

当然，最重要的是一如既往地服务，不断更新技术。只有教练把服务做好、把技术做好，会员才有可能帮你转介绍。

26. 广告营销

广告是帮助我们获得更多盈利的方法，教练的广告途径也有很多，比如教练墙、易拉宝、海报传单，视频推广、微信微博、朋友圈等。

但是不论哪种途径，想要让广告的效果最大化，首先我们要有一个好身材，才会吸引更多眼球，别人才会愿意看你。其次要有内容，作为教练我们一定要积极、正能量，不要总发胡吃海喝的照片，或各种牢骚抱怨，这样只会让会员疏远你。

27. 我只有晚上能来，怎么办

回答：没问题，我们会把训练和饮食计划都做好给您。晚上是训练的高峰期，建议我带您练一两次，您自己也要常练，这样效果就能保障。而且您争取早上也能练一下，因为早晨的减肥效果特别好。

解析：如果会员都是晚上一个时间段来，会形成很多课程无法排上。需要想办法引导一部分会员，或分流一部分会员。

错误回答：晚上我都约满了，您能否换个时间吗？

错误解析：没有解决问题，反而矛盾加剧了。

28. 两个会员一起到店参观，如何安排？

回答：两人一起来到店里，要找两个销售人员带领参观谈单，或者两个工作人员对一个客户。

解析：营销中切忌相熟的两人一起来咨询，而且咨询同一个人，两人一商量就很容易让营销人员处于劣势。

错误方式：只有一名销售人员，同时带两个参观者。

错误解析：一对多本身就是劣势，不要怕找人一起谈单会流失资源，就算同事谈成了，你也算卖了个人情。

29. 有单次体验课吗?

回答：最好的方式是在大众点评上设置一个体验课价格，是平时价格的三分之一。而这个价格只可体验一次，并且要有好评之后，才可以使用。

解析：无论是团体课还是私教课，免费的课程都不太被珍惜。所以，适当收取一些费用。但健身房因为是先办卡才能来运动，客人已经有消费，所以体验课可以适当免费1~2节。

错误回答：不要提及“免费”“赠送”字样。

错误解析：现代社会，谈到“免费”，客人就会觉得有猫腻，或者不珍惜。

第二章 有效沟通

有效沟通不仅可以节省时间，更重要的是要解决问题。

对很多会员来说，健身的确是件很辛苦的事，所以迟到、旷课或是上课偷懒的现象屡见不鲜，很多时候教练出于礼貌不好说些什么，但如果什么都不说，问题就会重现。

这一章节，主要是针这类头疼问题提供有效沟通的解决方案。

沟通，随着人的年龄和阅历增长而变得更容易。

但在刚入行的几年，教练大多二十多岁，怎么证明沟通变得有效？

答案是先背下来沟通的基本方式，背下来以后套用模式即可。

第一节　课程进行时

教练在上私教课时，偶尔会遇到一些突发状况，有的时候可能是会员撒娇不想练，有的时候可能是会员突然不适，有时别的会员找你聊天。很多教练要么束手无策，要么敷衍了事，这不能解决会员当时的问题或情绪，有时会员甚至会因为你的一个言行举止而不再来上课或不再续课。这一节我们罗列了些最常见的问题，下面来帮大家一一解决。

1. 会员来约课

回答：好的，马上。我看一下我的时间表。明天下午3点或5点，您的时间是否方便？

解析：为了保障约上的时间双方都认可，并且能遵守时间。我们一定要给客人两个时间去选择。时间如果碰不上，再给第三个选择。而不能是开放式问题，把主动权交给对方。同时，这也证明我们的时间比较紧张，需要提早预订。这样客人才有一种紧迫感。

错误回答：好的，您稍等，请问您什么时候有时间？

错误解析：这种回答会给会员一种你很闲、可以随便约的感觉。要知道，你很闲别人就会认为你不行。

2. 情绪不好，今天不想练

回答：来，我带您跑一圈。或是给会员调理一下。

解析：这个时候说什么都是徒劳，不用询问，痛快淋漓地练一场，出身汗就好了。如果遇到太累的会员，就要给她上节调理课了。

错误回答：运动可以有效地帮助我们排解压力和负面的情绪。

错误解析：道理谁都知道，但只用嘴说是没用的。

3. 会员上课不专心，随意接打电话

回答：一旦看到会员打电话或发信息，我们一定要表现得很认真。与会员保持距离，在一旁记录刚才的上课训练内容，会员打完电话给他看记录内容。目的是提醒会员刚才训练的内容，也告知会员：刚才我没有浪费时间。

解析：要用行动告诉会员，我们在努力为他争取时间。

错误回答：直接置之不理，会员打电话，教练也休息聊天打闹，甚至会直接指责会员耽误训练时间。

错误解析：教练要以身作则，要珍惜会员的时间。

4. 其他会员来约课（你正在上私教课）

回答：给您先看一下我的时间表，我先上私教。此时把时间表给会员看（时间表为电子版，列有一周的约课表）。

解析：上私教课和询问的会员都不能冷落，要让两方都知道你很忙，但很尊重他们。所以，直接拿出你的时间表让会员填写，但注意表格上每天至少要有5~7节课，才能表现出你很忙的样子。

错误回答：直接和一方沟通，而忽略了另一方。

错误解析：两个会员的情绪都要照顾到。

5. 教练手机响了（上私教课时）

回答：（1）如果会员问：“教练，怎么不接电话？”应回答：“现在是在为您服务，我们不能接打私人电话。”

（2）如果会员说：“您接吧，我可以休息一会。”答：“（再次强调）真的，这个时间就是为您服务的，我绝对不能接打私人电话的。”

解析：你为会员珍惜时间，他会非常感动，慢慢他自己也会珍惜时间。

错误回答：上课接打电话，是教练的禁忌。

错误解析：上课接电话，会员会认为教练不负责任，认为你是在浪费他的时间。

6. 教练内急

方式：您稍等，我去一下洗手间。然后，一定要最快速度到洗手间。回来的时候要更加矫健。跑到会员身边后，喘两口气，说：“我们开始吧！”

解析：出现教练因为连续上课，可能没时间上厕所，所以要去厕所的情况。内急，直接告诉会员，谁都可以体谅，但关键是要让会员感受到你在为他珍惜时间。

错误回答：找借口说，去倒杯水。

错误解析：明明是上厕所，非要说倒杯水。会员知道后反而会对教练的诚信度有所质疑。

7. 与非私教会员共用设备

方式：询问非会员：“打扰一下，能不能跟您交换练习一下？”注意练完后要把设备调到原来的状态。

解析：共用设备时要显得异常尊重会员。

错误回答：您还有几组？

错误解析：上句话的意思是赶会员走。也不能说“能不能和您插着练”，这在言语上会误导会员。

8. 意外受伤（晕倒、低血糖）

方式：若晕倒，先判断其有无意识。如无意识，赶快拨打120，同时给晕倒者施救，10分钟内是抢救的黄金时间。如出现低血糖，要在通风的环境下平躺，把腿抬高，让其舌下含糖，让糖分快速被吸收。如出现扭伤、拉伤，要及时冰敷，48小时内每天冰敷2次、每次15分钟，48小时后可以热敷，一周后可做康复训练。如出现出血、骨折，要简单包扎，骨折的话尽快固定患肢，紧急送往医院。

解析：尽快处理，让会员恢复状态。

错误方式：切忌逃避责任。

错误解析：逃避只会断送今后的私人教练生涯。

9. 来例假

方式：这种问题特别常见，应停止训练。

解析：大多数女性的月经周期为2~7天，有的是10天，其中有3天量大的时候，是不建议运动的。

错误回答：坚持训练。

错误解析：可能导致妇科疾病或感染。

10. 摔倒（会员在训练时，尤其是在跑步机上摔倒）

方式：先检测伤口，处理患处。如比较严重，做好防护措施再打急救电话。注意，每位来锻炼的会员，一定要给其购买保险，意外在所难免，但要有所保障。

解析：如果出现意外情况，如骨折、韧带撕裂等问题，第一时间送至专业大医院。

错误回答：掩盖问题，贻误治疗时间。

错误解析：责任不一定在你，但你一定要让会员看到你的态度。

11. 扭伤

方式：先抬高患肢，48小时内，冰敷不超过15分钟。如腰部扭伤，建议采取卧姿冰敷。冰敷的时候，按冰和水4∶1的比例，包上塑料袋，裹上毛巾，敷于患处。每天2次，两天冰敷4次。过了48小时后，再进行热敷。

解析：冰敷的目的是减少肿胀、减少毛血管出血、缩短恢复时间。

错误回答：不要紧，休息一下就好啦。

错误解析：如果会员发现患处越来越严重，下次就不敢再和你练了。

12. 闹肚子

回答：建议会员即刻休息，此次课程不予计算。

解析：也有可能是会员想找借口休息，或因强度太大不想练了。对突发性事件，应妥善处理。此时直接休息，显得人性化一些。

错误回答：不顾情面，硬要上完课程。

错误解析：不要让会员有和你上课是一种痛苦的感觉。有的时候，会员也许会因为不想练而找借口，让课程有意思且不太辛苦才是好的解决之法。

13. 过于随意

方式：为了和会员保持适当距离，避免其上课时过于随意，可以做好如下三点，即服装要穿Polo衫、凡事都说“您”、保持良好的姿势。

解析：既要尊重会员，又不过于随便。气势上的影响，远胜于语言。尤其是上课要保持标准站姿，和背部挺直的单膝跪地姿势。可以有效维护上课时的聊天时间过长、松散等问题。

错误方式：松散地坐着，肆意地聊着。

错误解析：教练上课随意，会员自然也随意。想让会员认真锻炼，教练首先要认真上课。

14. 爱聊天

方式：重点不是回答，而是教练的态度。我们以一种很正式的站姿及坐姿保持微笑，会员一会儿就会觉得无趣，就不聊了。但不要总是附合，要表达自己观点。

解析：当我们姿态很正式的时候，会员就不会和我们聊太多家长里短。要知道很多会员是因为想多休息一会才找你聊天的，如果聊开了，一下子时间就过去了。我们应该让课程变得有意思，而不是和会员聊天导致训练松弛。你给会员带来的乐趣是训练中的鼓励，以及运用不同的小工具让课程变得丰富多彩，而不是聊家长里短。上私教课时可能聊一些简短话题，比如饮食、好的训练方法，让主动权控制在教练手里。聊天时间不建议超过1分钟。

错误回答：和会员聊得天昏地暗。

错误解析：和会员聊天过多，一方面影响效果，另一方面会给人不认真、不负责的印象。尤其是给别人看来。

15. 套近乎

方式：以肯定或否定的词语承接。让话题没有可延展性，保持一个良好的姿态及微笑。

解析：会员想聊天，无非是想中间休息时间长一点。所以，我们可以和会员简单聊，但不展开话题。另外，很有可能对你有好感。作为一名职业私人教练，我们更应保持距离。套近乎还有可能是想以后买课优惠；了解你的优缺点好确定下一步的操作。

错误回答：咱们先练吧，回头再说。

错误解析：闭门羹一旦出现，势必会导致会员的不高兴。

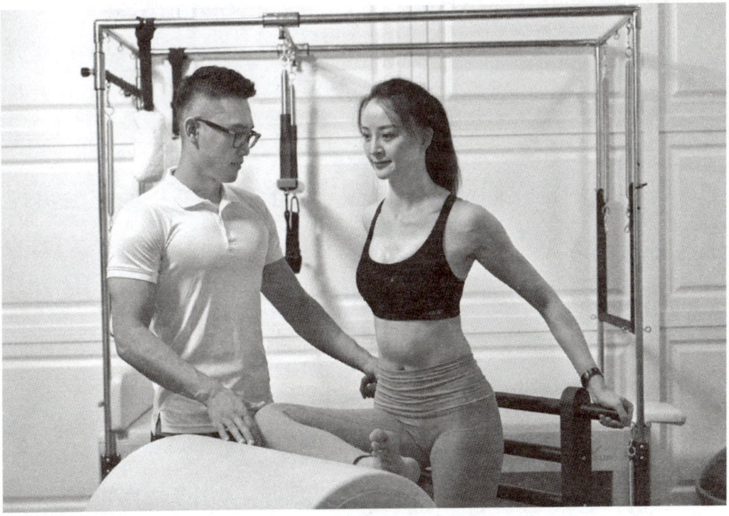

16. 如何更有效地瘦肚子

回答：瘦肚子并不难，发现您做运动时核心收得不多，稍微注意一下就能事半功倍。其实有的人出汗多，有人出汗少，之所以效果不同也是这个原因。

解析：每堂课至少要说40次把核心收紧。做离心收缩，肚子小得快（尤其在产后恢复的时候）。

错误回答：减脂是全身性的，没有局部减脂。

错误解析：教练在回答问题时，尽量不要给会员制造压力。当会员一听到全身减脂这个词，第一个想法通常是好难啊。而我们给出的标准回答是先说“并不难”，帮助会员建立一种减脂很轻松的概念，这样会员才更愿意和你上课。记住，还是不要否定客户。

17. 怕长肌肉的女性

回答：确实，长那么多肌肉不好看，尤其是女孩子，更多需要漂亮性感。适当的肌肉训练可以让臀部提升，练出人鱼线、马甲线。这些话要经常向她们解释。

解析：尽管我们知道肌肉很难增长，但也不能对会员说“你不可能练成那样”“你知道要练成那样有多难”之类的话，因为从服务角度来看，这种话术属于否定会员，会让对方产生反感。而且他们也不了解我们所说的，一定要先认同他们的观点，再加以描述。

错误回答：放心，你不可能练成那样。

错误解析：通常会员说这个问题时，用的是肯定句，而不是疑问句。所以教练不需要回答可不可能，因为会员已经说了不想怎样，所以我们只要顺着往下说就好了，不要犯了否定会员的错误。

18. 教练，我肩膀痛

回答：一般是由于肩关节的肌肉损伤造成的。我给您做个调理，您试一下看看。

解析：在帮会员做调理前，一定先要让会员体会一下，没做调理前的感受或状态，这样调理完会员才会发现有明显变化。如果不让会员事先体会，而是一上来就调理的话，会员就很难发现调理前后的变化，甚至有的会员还会认为你不专业。当然，你也可以在调理前后拍照对比，这样会更直观些，但是要确保你每次拍照的站的位置一样，不然最后呈现的效果适得其反。

错误回答：这个没事，不影响训练。

错误解析：会员出现疑惑，一定要及时解答，不能敷衍。

19. 教练，我手一抬就痛

回答：请问你这是上举痛还是手臂打开的时候痛。因为有2~3块肌肉损伤会造成手臂抬不起。我教您两个特别简单的动作，可以有效改善肩膀痛。另外，颈椎不适是含胸驼背时间较长导致的。

解析：现代健身更侧重体验式服务模式，在选择动作时，一定要选择简单且明显有效的动作。这样会员才会感受到，“原来一直困扰我这么久的问题，你一下就帮我解决了”。会员的态度会有明显变化。

错误回答：你这样需要康复一下。

错误解析：在会员的概念里，卧床不起的人才需要康复，他们会认为你是为了让他买课才吓唬他这么说的。

20. 教练，我怎样可以多长肌肉

回答：不是只有举铁才能长肌肉，任何运动练下来都会长一些肌肉，只是力量训练更有针对性。

解析：如果会员是想长肌肉的话，我们可以为会员做一份增肌计划，建议会员如何练。如果会员是怕长肌肉的话，我们可以为会员做一份塑形计划，并建议会员如何才能避免代偿和错误发力。

错误回答：是的，练肌肉必须举铁。

错误解析：很多人很排斥举铁，尤其是女性。所以我们在解释的时候，可以多说一些其他训练的优势，并且也可以辅助长肌肉。如果是男性，一定是器械训练更能帮助长肌肉。

21. 教练，我想把臀部练好看

回答：最新研究表明，单腿的臀部训练是最练翘臀的。尤其是单腿挂在TRX上，另一侧腿做下蹲，效果最好。

解析：下蹲的练习比较难掌握，动作要领特别多。所以建议先少做深蹲，有很多简易可行的方法可以练出翘臀。

错误回答：可以的，深蹲能练到整个下肢。

错误解析：很多会员认为，下肢指的就是大腿和小腿，误认为深蹲只会越练腿越粗。

22. 以前吃过减肥药，一直瘦不下来

回答：即便以前吃过减肥药，仍然可以很好地改善肥胖。传统的减肥药会让人体损失大量肌肉和水分，脂肪减少得并不多，而且反弹快。建议增加一些肌肉含量，提高新陈代谢能力，帮助身体消耗更多热量。现在身体代谢慢，吃进去的东西并不能很好地消化。而不吃东西，代谢更慢，会陷入一个脂肪堆积的循环。

解析：遇到此类会员时，千万不要说“减肥药没用”之类的话，因为他们经常会把体重和脂肪混为一谈，认为只要体重降下来了，就说明减脂有效果了。

错误回答：减肥药都是骗人的。

错误解析：会员已经知道吃减肥药无效，就不要在会员的伤口上撒盐了。

23. 教练，我身上都是死肉，好减吗

回答：这个确实有一定难度，但方法还是有的。建议每次您开始训练前先揉20分钟以上的泡沫轴。腿部的肌肉彻底放松，经络通畅了，循环就好了。

解析：很多肌肉型肥胖的会员，通常都是因为错误发力造成的肌肉紧张，或服过激素类药物，所以要想根本解决肌肉型肥胖，除了训练前揉泡沫轴，训练时还要强调正确发力。

错误回答：多做有氧运动，多拉伸。

错误解析：所谓的肌肉型肥胖，通常指的是大小腿粗壮，而会员在跑步时又很难用到腹肌和臀部的力量，结果越跑腿越粗。

24. 锻炼一定要吃蛋白粉吗

回答：不一定，只是蛋白粉吸收得快一些，肠胃的负担小。尤其在运动后，特别需要蛋白质帮助肌肉恢复的时候。训练后吃些鸡蛋清也是可以的，只是成本比较高，携带起来相对麻烦。

解析：传统观念里，老百姓会认为吃多了蛋白质，对身体伤害比较大，而不知道一顿胡吃海塞的自助餐对身体伤害更大。少量多次地补充蛋白，是不会对身体造成什么伤害的。如果会员对补剂量有抵触的话，也可以教给他如何从正常饮食中

获取蛋白质。

错误回答：增肌先要练起来，强度够了自然会长。

错误解析：回答问题不要偷换概念，这样并不能解决会员心中的疑问，会员可能还会认为你对这方面知识不太了解。

25. 教练，我应该怎么吃

回答：如果是减肥的话，建议少吃多餐，严格控制脂肪，适当减少主食，保持一定蛋白质，适当摄入蔬菜水果。

解析：作为教练，千万不要搪塞。除了告诉会员该吃什么、少吃什么外，还可以给会员一份简易版的饮食计划，这样会员会更认可你。

错误回答：少油少盐，多水煮青菜。

错误解析：通常普通人是无法接受这种饮食的，而且确实不科学。所以我们要建议会员合理饮食。

26. 吃蛋白粉对身体有害吗

回答：据科学研究，蛋白粉的成分远比饼干对身体的危害小得多，所以可以放心食用。运动后吃一点蛋白粉，有助于保护肌肉、减少脂肪，帮助身体快速恢复。只要不过量即可，建议单次补充蛋白质不超过30克。

解析：要不要吃蛋白粉已经成了一大误区，甚至有人以为蛋白粉就是激素，吃完就会让身体有变化。当然这种说法是不科学的，要为会员建立科学正确的健身观念。

错误回答：初学者不用吃。

错误解析：泛泛回答并不能解决客户的内心困扰，还会显得教练很没耐心。现在会员不像以前那样盲目，一定要了解来龙去脉后才会执行。

27. 我怎么一练就浑身疼

回答：训练后肌肉酸痛是正常现象，有一周左右就会明显缓解，您不用担心 。

解析：一定要提前告知，训练后会有些肌肉酸痛。另外，说疼的人多是没有训练经验，分不清什么是“酸”、什么是“痛”。比如以前有过肚子痛，就会把腹肌训练后的感受理解为肚子痛了，所以需多向会员讲解正常酸痛与病痛的区别。

错误回答：休息一下就好，回头多补充蛋白。

错误解析：并未告知会员原因，所以会员还是处于担心状态。

第二节　私教时间外

在上私教课时，我们重点关注的是指导会员和纠正会员，更多沟通则在课余时间，比如会员邀约时、迟到时或不想再练时，而这些时候恰好又最容易出现问题，这一节我们重点解决和回答课余时间会员常出现的问题，如预约和取消课程、日常沟通以及平时和会员相处。

要知道，日常的沟通是至关重要的，是维护老客户的基本方法。面对会员各式各样的问题，我们需要有所应对，而不是遇到问题时一片茫然。

1. 你那么忙，我就不上课了

回答：实在抱歉，您把您方便的时间告诉我，我看一下是否可以和这个时间段的会员协调一下。

解析：这样的回答既为会员考虑又表明作为教练的你有很多课，但是可以调整时间。好的教练往往课程密集，致使有的会员难以约到双方都方便的上课时间。客人此时其实很无奈，我们一定要给对方一个台阶下，从会员角度出发去说，而且表示自己要极力争取时间给会员上课，尽量想办法协调。有个小技巧，就是上午的时间段其实训练效果好、人也少，可以多建议会员早晨练，可以分流一部分会员。

错误回答：（1）别，课还是要上的，您等等，我再协调一下；（2）好吧，我们下次再约。

错误解析：作为教练，我们应该尊重会员，不能很敷衍地回答，即使你知道不大能协调，也要为会员争取一些时间。

2. 不好意思，教练，我要迟到一会

回答：您先别急，我问一下后面的客人是否可以向后顺延一会。您先往这里赶。

解析：既告知帮他争取一点时间，又告知后面情况。会员提前打电话说明迟到原委，仍然会给私教课程带来一系列麻烦。这时候一定要从会员的角度出发去讲问题，不要从自己角度去说。需要为对方争取一些时间，至少可以为会员争取5分钟左右的时间。等到会员来了，正常上课。到整点时间，要先给会员个台阶下，要说：“您稍等，我看一下我下一位会员来了没有，我让他先做热身。”然后过30秒回来，告诉这个迟到的会员说，下一位会员来了，我先帮您把这个练习做完，把后面的动作安排好。会员迟到再久，到点之后的指导时间也不超过5分钟。这样下一次迟到的人才能长记性，尽量不迟到。

错误回答：（1）哎呀，那您可要抓紧，我后面还有一节课；（2）一味地等待，一味地延长时间。

错误解析：第一种情况，客人听了会很不舒服，因为他认为花了钱你就要等他，而不认为他买的课程只是我们固定的某个时间。这需要正确的引导。第二种情况，会导致习惯性迟到，我们每天的工作就处于等待中，一年下来甚至会损失300~400节课，也就是2个月的薪水。

3. 教练，我看你也挺累的，我才结束会议，就不练了吧

回答：哎呀，那太可惜了，您今天的课不就浪费了吗？意思是，您已经预约了课和时间，不来的话是不能取消的，但听着是为会员着想的。其实大多数会员并不是真的才结束会议，而是想找借口偷懒。会员如果问“怎么就浪费了”，就回答说：“您买的课程是录入系统的，在您约课后，在上课前4小时，系统会自动刷掉一节课。”

解析：这样找借口不来的会员其实挺傻的，自己不想去，把责任怪罪到教练身上。聪明的会员应该说：“教练，实在抱歉，我今天开会才结束，赶不过去了，您先算一节课，这次是我的不对。” 通常这时，教练只要有权限，就会说：“没关系，谁没有个紧急情况，这次不算了，下次咱们再约。”但要注意，一定要有相关协议才能这么说。

错误回答：您需要提前4~6个小时取消课程，不然我们会算一节课。

错误解析：这样的回答很生硬，完全没有给对方余地，容易引起争端。

4. 睡不好就不想练，怎样提高睡眠质量

回答：规律的运动会帮助改善身体循环，我给您制订一份肌肉训练具体计划，经常练习，可以帮助您更好地休息，同时还可以缓解压力。

解析：会员遇到问题和焦虑的时候，我们要给出具体的方案，真正帮助会员解决问题，才能让会员有信心坚持训练。而训练后的睡眠不好，通常是因为训练强度过大，或训练时总是挺腰，肋骨外翻造成的。

错误回答：责备会员找很多借口不训练，或敷衍地说，多运动就能睡好了。

错误解析：此时会员需要的是理解和帮助，而不是指责和说教，也不需要告诉他尽人皆知的理由。

5. 会员要退款退课

方法：首先，倾听会员的抱怨；其次，了解会员的具体需求；再次，要感同身受、表示理解；最后，商讨解决方案。

解析：大多时候，只要倾听够认真，并且处处为会员着想，很多问题都可以化解。所以，关键是倾听。

错误回答：课程是不能退款的。

错误解析：这样并不能解决问题，只会制造更多矛盾，让会员心理更不舒服。款是可以退，但一定要了解为什么，并出具我们的解决方案。

6. 会员投诉

方法：把会员带到相对舒适安静的环境，首先还是倾听，了解会员的抱怨。无论是什么问题，先给会员道歉，并商讨解决方案。

解析：认真倾听并表示认可和同情，这非常重要，但关键性原则性问题不能退让。涉及有关公司声誉问题，要以公司为出发点为客户解释。

错误回答：从自我角度看问题，据理力争，毫无认错的态度。

错误解析：争辩只会让双方的情绪更加激动，从而让矛盾更加恶化。

7. 会员转卡，或转让私教

方法：正常行为，直接处理即可。但需要有一个转卡手续费。如果转让私教，需要按实际上过的私教节数，乘以上过的私教课的总节数的优惠单价区间，而不是按初次购买的优惠单价区间结算。剩余的金额，看属于哪个优惠区间，再结算转出多少节。

解析：会员的转卡及私教课程的转让，属于单方面违约，所以需要重新结算。

错误回答：按实际剩余金额转让卡。

错误解析：这样会造成以后的操作不便和复杂化，以及转卡人数增加，激增员工工作量。

8. 会员有事不来上课

回答：（1）如果会员提前四至六个小时取消，完全没问题。我们的回答是："好的，您先忙。"（2）如果是上课前临时取消，我们的回答是："好的，只是这个时间是您预定的，系统还是会自动划掉一节课。"一定要有底气说出这样的话。

解析：临时的取消，不管是什么原因，原则上都不可以接受。当然中国人好面子，第一次可以原谅。但第二次、第三次就不能出现此类问题了，前提是签署的合同中有这一条，只是说话要婉转一些。

错误回答：直接不算课，或说下次再说。

错误解析：这样客户会一直不珍惜你的时间，造成教练时间的严重浪费。你一生中也就有几十万个小时能被自己掌控。

9. 我们可否两人来练

回答：当然可以，两人一起上私教课，价格会稍微贵一些。

解析：两人的私教课，比单人的私教课会贵30%~50%。因为教练同时要照顾两人，投入的精力和时间会更多。尤其是课下做计划的时间会更多。

错误回答：直接按单节私教课算。

错误解析：这样教练会越来越累，效果还不明显。因为两个会员一起练，通常都是认识的人，效果会大打折扣。

10. 带小孩来上课可以吗

回答：您好，我们有专门的儿童娱乐区，有专人看护，只是小孩子不能够进入器械区。

解析：很多人想运动，带着孩子又不方便，所以建议俱乐部门店像麦当劳一样设立儿童活动区，这样的服务举措能吸引很多人到店健身。

错误回答：我们这里是不允许小孩子进来的。

错误解析：对于很多家长来说，孩子比锻炼更重要，如果不能让孩子进，他们宁可先不锻炼。

11. 教练，今天能不能约一下课（电话约课）

回答：您稍等，我先看一下我的时间表。告诉会员两个时间段选择。

解析：教练自己一定要做好时间规划，做好时间表。每天最少写满七个时间段，包括固定的早、午、晚饭和自己训练时间。客人都喜欢比较忙而又不是特别忙的教练。要养成给会员看时间表的习惯。

错误回答：很随意地告诉会员——我都有空，您来吧。

错误解析：这样反而会员不珍惜了。

12. 教练给会员打电话约课

方式：您好，张先生吗？我是李欣，您的私人教练。请问您现在说话方便吗？在征得对方同意后，预约课程，并给会员两个时间段选择。

解析：一定要询问是否方便，当征得同意时再表达自己观点。

错误回答：询问上次的训练情况，聊不到主题。

错误解析：谁的时间都很紧迫，不要问没用的废话，熟人之间不要嘘寒问暖，直接接入主题。

13. 为何怎么吃、怎么练都不长体重（老会员）？

回答：别担心，这可能是由于睡眠和饮食问题引起的，我们一起来分析一下原因。

解析：男性怎么吃怎么练都不长体重，最有可能是以下三个原因，一是睡觉太晚，二是纵欲过度，三是烟酒过度。有些原因，尤其是纵欲过度，我们没办法直接说，只能旁敲侧击一下。

错误回答：不可能，肯定是哪里没注意。

错误解析：不要上来就责怪会员。会员增肌没效果，本身就很难过，我们就不要再火上浇油。只要解决误区，就好改善。

14. 下班后训练，晚餐什么时候吃

回答：您可以下午吃一份加餐，选择比较方便携带的坚果或水果；训练结束后再吃一份加餐。也就是说，把晚餐分为两顿，在训练前和训练后各吃一顿。

解析：会员下班训练的时间不方便吃正餐，要给出具体的解决办法。

错误回答：随便吃一口就可以。

错误解析：教练的态度很重要，既然吃这么重要，怎么能对会员说随便吃一口呢。

15. 训练结束太晚，还要不要吃饭

回答：训练和饮食做到在一天内比较平衡即可。训练结束后，如果距离睡眠的时间较近，可以少量补充快速消化的食物，要有一定蛋白质和一些简单碳水化合物，但基本没有脂肪。比如吃一个鸡蛋白，加一片面包，或者直接喝一勺蛋白粉。

解析：会员一方面担心消化受到影响，一方面会担心运动后进食影响训练效果，或进食太晚会长胖。这时候要耐心解答，消除其顾虑，同时要给出正确的处理方案。

错误回答：如果训练后太晚，就不用吃饭了。

错误解析：如果不让会员吃东西，他不但会饿得难受，

而且会消耗肌肉，反而不利于减脂肪。

16. 频繁出差，无法保持训练怎么办（老会员）

回答：这个您不用担心。您出差的时候，我们会录制一份小视频，您按照这个做就好了。另外，我们还会有一份书面的出差训练计划。

解析：会员担心间断了会影响效果，你只需把计划做好，并定期跟进即可。

错误回答：出差了在哪里都能练，关键看有没有决心。

错误解析：谁都知道要坚持，但没人监督，大多数人都会放弃。会员是需要监督的，他们自控力未必有那么强。

17.（致电会员时）我现在很忙，一会再说

回答：抱歉，半个小时后或晚上8点我打给您方便吗？

解析：不能放弃，但表示理解。抱歉打扰，但一定要确认下一次打电话的时间。

错误回答：不好意思，我一会再给您打。

错误解析：无效的沟通，是因为没确定谈话目标及确定具体方案。解决问题一定要明确。

18.（致电会员时）我都不在你那练了

回答：您在哪里都要保持训练，稍后我会把最新的训练计划发给您参考一下，有问题再找我。我们这里还有一台非常先进的评估仪器，身体的很多潜在危险因子都能测试出来，有时间您可以来评估一下，我们还会结合电脑给您制订一个新的计划，辅助您达到理想的训练效果。

解析：会员虽然不在你那里练习了，但回来继续训练的可能性至少为50%。功夫不负有心人，只要坚持不懈，大多数人会回心转意。

错误回答：直接放弃——好吧，那您多保重。

错误解析：大多数人遇到这种情况就放弃了，殊不知，会员回来的可能性很大，关键在于你不要放弃。一个会员要进行7～11次有效跟踪才能定论。

19. 会员未通知教练而直接迟到

回答：当会员来了以后，直接上课。到整点下课。告知其后面练什么，也要告知你下面还有课。

解析：作为教练要有骨气，会员买了你的课就相当于买了你的时间，生命中的一个小时是无法用金钱来衡量的。所以，如果会员没有打招呼就迟到，你也若无其事地到整点下课，当然上课的时候还是要认真的。

错误回答：无论会员迟到多久，都把会员时间补齐。

错误解析：这样会让会员越来越不珍惜你的时间，他会被惯坏，认为什么时候来你都会等他。但凡有一次你没给他上够时间，哪怕是一两分钟，他都会计较。

20. 会员迟到情况汇总

迟到15分钟：到下课时间，打招呼您稍等，我去看下节课的会员来没来，我去跟他打个招呼，让他先热身。注意，回来后指导时间不超过5分钟。

迟到半小时：结束时说，咱们今天先练到这，以后再补——这种情况理应是不补的，但话要这样说。然后，以后每节课补3~5分钟。

没打电话迟到的：正常上课，到点下课，没有补时。

解析：对会员不同的迟到方式有不同解决方案。总体是不能一味纵容。要让会员和教练之间做到相互尊重。

错误方式：一味纵容。

错误解析：一味的纵容并不会让会员意识到问题的严重性。

21. 会员请教练吃饭／出去玩怎么办

回答：（1）这两天可能不行，等哪天我们约着朋友一起；（2）自己带餐，因为要参加比赛；（3）最近要参加学习；（4）杀手锏——下课要回家喂奶。

注意：不可以单独约，也不可以一对多人。

解析：被邀约吃饭、出去玩时一定要慎重。吃人家嘴短，用人家手短。了解多了，你们之间的神秘感一破除，上课、卖课都不好做了。

错误回答：随意和会员出去吃饭、玩。

错误解析：理不清的关系，影响日后的发展。只有理清自己的课余时间，发奋图强，才能超过别人。

22. 会员示好邀约怎么办

方式：不可否认，一旦遇到真感情，那不能放手。但如果你已经结婚，或已经有男女朋友，对于对方的邀约，要快刀斩乱麻，不要给对方留机会。最好的方式是带一枚戒指。也可以用每

日学习为推脱方法，回家照顾孩子的理由也不错。

解析：俗话说苍蝇不叮无缝的蛋，只要你不想，很少有人持续上赶着来找你的。

错误回答：私生活混乱会严重影响私教的职业发展，导致难有起色。

错误解析：老板们都不喜欢和会员“发生关系”的教练，第一是影响不好，第二是流失客户。

23. 会员送礼物怎么办

方式：如果会员送礼物，一般可以收，不然驳人家面子，但要定期回礼。

解析：会员大都是有头有脸的人物，平时都是别人送礼给他的，好不容易人家鼓起勇气送你礼物，又当着那么多人的面，不收不好。

错误回答：直接拒绝。

错误解析：不要让会员下不来台。但要记着礼尚往来，定期回礼给会员。

24. 会员不愿买调理课，但常找教练免费按摩

回答：

（1）马上有课；（2）私教菜单中，要设置调理课，比私教课价格低一些；（3）实在抱歉，我今天还有别的课，下次预约一下，专门帮您做调理，可以吗？（强调需要预约）

解析：此时别抹不开面子，该谈就谈。

错误回答：会员有什么要求全部满足。

错误解析：如果你给他揉过一次，下次一不给他揉，他会和你斤斤计较，所以不要给会员养成坏习惯，不然反而好心办坏事。

25. 私教体验课非常好，就是价格贵

回答：（谈到最后阶段时的标准语术如下）首先我们要做一份训练计划，并向会员做详细介绍。如果会员还觉得贵，再做一遍产品介绍。仍然觉得贵，第三遍挑重点做产品介绍，并赠送饮食计划。还觉得贵，请示领导，高层介入。领导来后，先夸赞负责这个会员的教练多么多么优秀，之后再介绍一遍产品。还觉得贵，作为领导赠送一节领导的私教课。

解析：当客人觉得贵的时候，我们要说的重点是产品的价值，而非讨论价格。

错误回答：直接优惠，或赠送小礼品。

错误解析：无论是优惠还是赠送小礼品，都会让会员觉得你的课不值这么多钱，唯一的办法就是做好产品介绍。降低价格是一件无底线的事。

26. 家庭作业配合度不高（会员不愿意自己在家练）

方式：平时上课强调运动频率对效果的影响，同时检查自己的运动处方，是否考虑到了会员的可执行性，以及是否有图片和视频。

解析：能在没人监督的情况下自己练，这样的人少之又少。每一节私教课都让会员感受到身体一点一点的变化和效果，以及课程带给会员的舒适感，才是会员坚持配合训练的主要原因。

错误回答：“批评”会员不认真，没有毅力。

错误解析：会员自己训练时很难坚持下去，这很常见，所以我们要定期跟进。不要批评会员，做好我们份内的事情。

27. 怎样微信或电话邀请已经婉拒的客户来店

方式：以店里新上一套评估系统为由，邀请会员前来体验，然后做一份运动处方给会员参考，做一份完整的身体评估让会员据此训练。

解析：目的是让会员来，只有客户到店，我们才能开始下一步的服务和销售。

错误回答：（直接放弃）那好吧，那您有需要再找我。

错误解析：当你挂掉电话后，会员再也不找你了，这属于无效沟通。我们的目的是让会员来。

28. 如何约课以避免会员迟到

方式：约课时间不约整点，如8点15分。

解析：整点约课最容易迟到，因为大家都觉得整点前后几分钟都算整点。但约在某点过一刻，大家都会珍惜时间。有利于双方。

错误回答：直接每节课都约整点。

错误解析：会员迟到很影响上课。人们潜意识里认为前后差不多就算作整点，所以约在有整有零的时间点，就会引起会员“警觉”，能有效避免迟到。

29. 如何给新会员打电话约课

方式：您好，请问是张先生吗？我是健身中心的私人教练李欣，请问您现在方便接听电话吗？是这样的，每一位贵宾客户入会/办卡的时候，我们都提供2节私教课，主要给会员做一个详细的身体评估，并根据评估的结果做一份完整的运动处方。请问您明天下午5点或7点是否有时间来锻炼？

解析：（1）当客人说不方便接电话时，要询问再一次打电话是什么时间。（2）当客人询问这两次课是不是免费，要回答“是包含在您的会员卡里面的”。（3）当客人时间不好确定时，要询问他何时最方便，然后去跟其他私教协商。（4）当客人说不需要教练时，要顺着他说，评估非常重要，做好后可以自己练习。

错误回答：不说以下词汇：免费、测试、计划、什么时候；注意只给会员两个时间去选择。

错误解析：说“免费”，别人就不珍惜；说“测试”，就会吓跑很多人；说“计划”，很多人都做过；如果直接询问时间，得到的答案千万种，所以要规定固定话术，让客人回答。

30. 会员常给教练发微信求教

方式：耐心解答会员的问题，但不要马上回复，时间太晚的信息第二天早上再回复，平时过于频繁的微信隔2~4小时再回复。

解析：会员产生过多疑问，一方面因训练效果还没达到而着急，另一方面是平时生活压力过大，希望通过训练和倾诉排解。

错误回答：立即回复，让会员觉得“随叫随到”，也不要有不耐烦的口气。

错误解析：立即回复会让会员觉得教练很闲，而且也会养成会员更依赖的坏习惯，但是一定要回复信息。

31. 代餐粉可以吃吗

回答：工作特别忙时可以吃，但一般情况下，全面的营养才能让身体得到更好的滋养，这需要通过自然饮食获得。

解析：会员就是想较快取得训练效果，我们要先理解会员的心情，再给会员信心，告诉他“科学训练+合理饮食”才是最好的方法。

错误回答：直接否定会员，并“批评”选择代餐是错误的。

错误解析：会员之所以想要代餐，也是为了取得更好的健身效果，我们没必要也不应该否定会员或是批评会员。只需要摆事实即可。

32. 生活压力大，不想继续练了

回答：工作较忙时会有压力，我们会教您一些缓解压力的训练方法，我给您做好训练计划，其中有些训练可以在家里完成。

解析：如果训练时把会员累着了，那么他就不容易坚持运动，这是会员中断训练的一个很重要的原因。要检查训练计划是不是有问题，是不是没有按照流程完成。还要不断给会员一个概念——运动是减压的最好方式。

错误回答：那您好好休息，我们以后再练。

错误解析：不要让会员养成轻易放弃的坏习惯，那样会员只会越来越不想练。鼓励多在开始阶段，一旦形成习惯就好了。

33. 不接受打包销售课程的其他教练上课（只愿和一位教练上课，不愿接受第二位）

回答：您的运动方案是我们团队一起制作完成，我们每一名教练对您的情况和训练计划都很了解，不同教练擅长不同的项目，适当调整训练内容，能给身体以新鲜感，更有利于达成运动目标。

解析：会员会觉得换教练需要一个熟悉的过程，怕对自己的身体情况不了解，对训练效果不好。所以要宣传不同课程由不同教练上。

错误回答：直接把会员推给同事。

错误解析：这样会破坏会员对教练的信任感，因为很多会员更愿意接受第一次来给上课的教练，或是专门慕名而来。

34. 吃什么能增肌，吃什么能减肥

回答：蛋白质是增肌和减脂的首要饮食，但不能过量。建议一天分4~5次，每次25~30克的蛋白质。如果要增肌，还要多配一些主食；如果减脂，主食要相应减少，也要控制水果、果汁等含糖量特别高的食物。

解析：虽然是三分练七分吃，但这并不代表只要吃就能增肌或减脂，所以还要让会员意识到训练的重要性。大多数女生还停留在要减肥就要少吃或不吃的状态。

错误回答：（1）增肌：多吃就好了。（2）减脂：管住嘴，少油少盐，别吃垃圾食品。

错误解析：不论以上哪种回答，都会显得教练很不专业。遇到专业问题，一定专业回答。

35. 想减肥，平时自己怎么练

回答：最简单的方法是，每天大跨步走20~30分钟，然后在运动前后多揉一下泡沫轴。如果是在健身房，建议先做一些中等重量的肌肉练习，然后做持续20分钟以上的跑步机上的训练，坡度为7°~8°，速度为4~5公里/小时，大跨步摆臂走，同时注意心率区间为140~160次/分钟。这样能有效地燃烧脂肪。

解析：这类会员通常有想法、没方法，只要把方法教给会员，让他们感受到效果，他们自然会对私教课产生依赖。

错误回答：建议一周训练4次，最好能请位教练带着练。

错误解析：不要上来就给会员推销私教课，而是要告知会员自己怎么练，让会员觉得你是位认真负责的教练。不然以后会员就不敢再找你了。

36. 腰不好还能练吗

回答：您腰部的具体问题是腰椎间盘突出（腰椎滑脱/轻微劳损），这主要是因腹部的力量不足造成的，我建议您加强核心训练。我教您一两个动作，您试试看。

解析：要先让会员认识到教练的专业性。大部分会员腰疼都是腹肌无力造成的，腹肌承担上身60%的重量，如果腹肌无力，腰椎承担的压力就会变大。如果会员的疼痛是因为肌肉无力或不良体态造成的，就要从健身的角度细致做讲解，让会员知道，原来健身可以解决或预防这些问题。

错误回答：现在疼吗？——不够专业。

错误解析：遇到疼痛的会员，教练会习惯性地先进行评估。从教练角度来看，先评估会显得很专业，但是会员并不这么认为。因为会员并不知道你在干嘛，以为你只是在嘘寒问暖，所以要先说专业术语，让会员知道你很专业。

37. 我接触的私教都一般，不想请教练了

回答：教练都希望能帮助会员进步，可能以前的方法没让您感到满意，我先给您做一份计划，毕竟训练计划是需要定期更新的。您先参考着练，有需要您再找我。

解析：不要诋毁其他教练，因为这是职业道德的问题。有些教练为了突出自己，就会诋毁其他教练，如“他们都不专业”“他们都是新手”等。作为教练，我们应该维护自己的职业，当你诋毁其他教练时，会员不会认为你有多专业，而是会对你的人品产生质疑。所以一定要告诉会员，教练都希望帮助会员进步。然后再为会员做计划，让会员感到我们真心想帮助他。

错误回答：没错，现在教练都不行。

错误解析：教练不能诋毁其他教练，更不能诋毁健身行业。明眼人都清楚，说别人坏话的人，很多时候自己更有问题。

38. 训练完第二天肌肉疼，不再来了

回答：一定提前告知，刚刚开始训练，第二天会出现肌肉酸痛。属于正常现象，过两天就好了。

解析：没有训练经验的会员，对训练后的延迟性酸痛没有概念，一旦遇到这种情况就会很害怕，以为自己受伤了，预先告知他们就会好很多。

错误回答：教练全程没有提及。

错误解析：等到出现状况再解释就晚了，会员会以为教练在推卸责任，他们会下意识地以为延迟性酸痛不是正常现象，而是受伤了。

39. 请问什么是私人教练

回答：私人教练能使广大健身爱好者更科学更合理地运动，避免运动伤害。我们为会员制订一套完整的运动处方，并从旁鼓励、跟进、指导及评估，私教的作用是制订计划，以及为会员节约大量的时间。

解析：提出这个问题的人，通常对健身或私教并不了解，回答时要有耐心，给对方留下一个好印象。当会员再有问题时，就会第一时间想到你。

错误回答：教练就是帮你增肌减脂塑形，让你有好身材的人。

错误解析：这样的回答比较片面，无法让会员认可教练。重点突出计划，即教练能做计划。

40. 什么时间练效果比较好

回答：早晨的减肥效果好，下午的增肌效果好。

解析：告知其不同运动、训练时间点不同，效果不同。同时这样回答还强分流出一些高峰期会员到上午练。

错误回答：什么时候效果都好，只要肯努力。

错误解析：完全不负责任的回答！需要在此时表现你的专业。

41. 教练生理期还能练吗

回答：至少有三天不能练，第四天开始逐渐做些拉伸和有氧运动，然后第五、六天恢复到正常。

解析：经期如果强制运动，会造成细菌感染，同时会造成血量增加等危害身体的问题。

错误回答：没问题，强度小些就行。

错误解析：这个回答完全不能体现教练专业。

42. 便秘

回答：这个属于正常现象，不用担心。刚开始训练身体需要养分，所以排便就减少了。

解析：一定要告知会员，一旦开始运动，身体所需的养分比不运动要大很多，如果还节食，不排便很正常。解决方法一是吃些蛋白质和蔬菜补充营养，二是做些拉伸，就能改善便秘。

错误回答：没事，有几天就好了。

错误解析：不能不负责地回答，要时刻表现自己的专业。

第三章 解除困扰

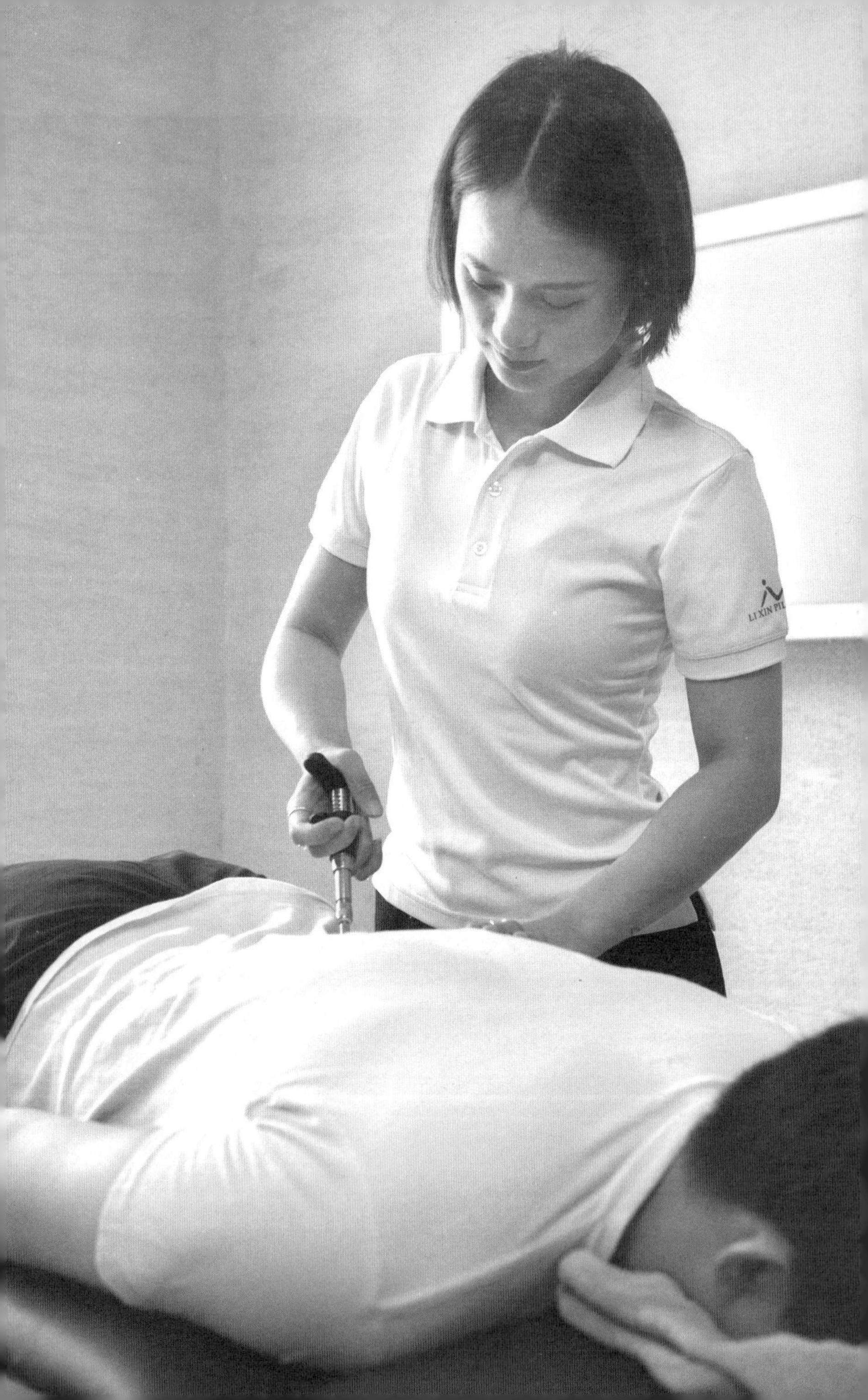

正确使用菜单，是我们发现会员需求的第一步。健身者刚来到健身房或工作室，通常不知道自己想要什么，也不明白健身还有塑形的功效，能美容、康复、改善亚健康。

很多时候，教练在谈单或做产品介绍时，全凭一张嘴，但这样的效果并不理想，有时教练说了半天，而刚接触健身的人并不理解，导致无效沟通。

当我们走进一家饭店，服务员首先会给我们看菜单，因为菜单是最简单、最直接的产品介绍。作为私人教练，我们也要做好自己的菜单，可以更好地满足会员的需求。

请记住，只要有人来参观，我们就出示私教菜单，以发掘对方需求，做到有的放矢。

在做私教菜单类讲解时，第一步要说危害及误区，第二步才说改善方案，这样就能更加吸引对方注意。

本章主要是针对技术类问题如何解答，相当于教练的百宝箱。新老会员都有可能提出此类问题，要多多熟记。

第一节　塑形、减肥、增肌、美容

一提到塑形，很多人就会联想到人鱼线、马甲线。没错，这些的确在塑形的范畴内，但对于健身来说，塑形所涵盖的内容要更多，一些被误以为天生的问题，其实都可以通过健身来改善，比如长短腿、增高、溜肩、胸一大一小等。

也有人认为，有训练基础的人才需要塑形，新手需要先瘦身或增肌。其实并非如此，它是针对性训练，只要你想改善某一部位或某一状态，就需要塑形训练。

我们假设会员有这些提问，一一做出解答。在讲解的时候尽量减少专业术语，尽量简洁让会员能够听懂，而不需要完整详细的说明。

禁忌：千万别说会造成哪里损伤，这是私人教练的大忌。说完损伤，通常对方都是非常不高兴的，想想你正练得好好的，突然有人来说你这样不对，会哪里哪里损伤，是不是有一种想打人的心情？所以，重点说会造成哪里不好看及怎么改善。

1. 减肥

误区：节食减肥。这会越减越肥，其实有效的减肥方案并不一定特别辛苦。

回答：在双方配合下，一般1~2周就能看到比较理想的效果，且会同时改善体态。人体最粗的血管紧贴在脊柱两侧，不良体态会压迫血管，导致血液循环不畅，影响新陈代谢。改善体态可以提高新陈代谢、帮助减脂。

解析：面对上来就直接问减肥的人，先了解是否有以下的肥胖成因：激素、疾病（以胰岛素敏感度糖尿病为主）、青春期肥胖、饮酒、缺乏运动、饮食结构不良（主食多为淀粉、内脏等）、饮水不足或者综合以上因素。通过加强运动，可以提高新陈代谢，促进脂肪消耗。建议每周3~4次，每次30~45分钟。通过调整姿态，可以促进体液循环，加快能量代谢，消除水肿。2~3分钟就可做一次身体姿态评估，并给出一份饮食以及饮水的方案。

2. 增肌

误区：多吃多练就可以，举得越重越长肌肉。

回答：动作标准，练出的肌肉才有型。爆发力训练和负重过高并不是长肌肉的最佳方法。把全身肌肉分成三大部分，每次练2～3个部位，注意动作的精准性，很快就能练出肌肉形状。

解析：盲目过多地攀比重量，而忽略动作细节，是很多人练肌肉的一大误区。经过刻苦训练，肌肉形态是可以改善的。

3. 增高

误区：人到一定年龄就长不高了。

回答：多做拉伸和脊柱练习。因为肌肉过紧就会显得人很矮，驼背或腿形不好也会显得矮。可多练普拉提，加强深层肌肉。延展脊柱了，身高就增高了。

解析：脊椎的形态和腿形十分影响身高。随着年龄的增加，椎间盘的水分逐渐减少，驼背、骨质疏松、X型腿等都会导致身高缩短1～2厘米或更多。通过训练改善体态，可以恢复到正常身高，普拉提恰恰是脊椎灵活性训练的最佳方式之一。

4. 柔韧性差

误区：柔韧性练习会很痛。

回答：练柔韧性之前要多做些准备，练的时候要循序渐进。如果可以先揉一下泡沫轴，柔韧性会大幅度提升，而且还不痛。

解析：柔韧性是体适能六要素之一，很多健身者忽视了柔韧性训练，无论是练健美还是跑步，往往练完就完事儿。这是错误的做法，时间长了就会导致肌肉过于紧张，影响运动表现，且容易发生运动损伤。建议初学者每次健身后都要拿出20分钟左右的时间对全身肌肉，尤其是本次训练的目标肌肉群，进行系统拉伸。一般要有一定顺序，可以从头到脚；每个部位可练习2组，每组维持15～30秒钟；不要弹振式拉伸，但可以在感觉肌肉绷紧后逐步递增拉伸幅度。总之柔韧性差并不是多严重的问题，只需要循序渐进地训练，就能自然而然改善，没有什么"千年老胯"，只有未经锻炼的自我负面暗示。

5. 头前引（头部过于前探）

危害：会显得脖子过粗、肩颈两侧过厚，同时头部每向前1厘米，颈椎压力增加5公斤。

回答：经常伏案的人多少都会有头前引的情况，通常进行两次背部训练就能明显改善。做头部相对颈部缩回的训练、加强背部的训练、改善弓背的坐姿，就能很好地改善头前引的姿态。

解析：成因是经常低头姿态，上背部肌肉过度被拉扯，头部相对于颈椎过度前移，在俯身动作时头颈部前侧过于缩短绷紧，而颈后侧肌肉过度被拉长。

6. 圆盆脸（瘦脸）

误区：施瘦脸针。

回答：放松斜方肌和两侧斜角肌（也就是脖子两侧）3 ~ 5分钟后，视觉上脸就小了。但要维持长久，需要调整骨盆的位置，也就是改善身体的循环。

解析：瘦脸针确实可以很好地瘦脸，但一般作用在3 ~ 6个月，一旦停下来，脸简直没法看了，这也是整形及微整形一旦开始就停不下来的原因。而增加头颈部血液循环、代谢，再加强背部，可以有效地改善脸部血液循环不畅通的状况，帮助瘦脸；放松咬肌的肌肉筋膜，少吃过硬的食物，可以有效地规避咬肌过于发达引起的下颌骨变宽的现象；练好臀部可有效地改善骨盆两侧循环问题。

7. 面部提升

误区：只做面膜。

回答：脸部和全身的肌肉都需要锻炼，肌肉保持活力，脸部自然保持好的形态。

解析：全身的肌肉训练，以及深呼吸训练（肋间呼吸训练）和伸展身体前侧（包含舌骨肌群，即舌骨下压闭嘴打哈欠的动作），重点配合背部肌肉训练，可以有效地增加脸部肌肤的紧致度。因为只有肌肉加强了，才能改善代谢，延缓衰老。

8. 双下巴

误区：这是天生的，改善不了。

回答：可以改善。双下巴和颈椎有很大关系，通常是颈椎曲度弯直导致，关键是要先加强背部训练，后背有力量，颈椎压力就小。然后再针对颈部去做训练，会比用化妆品效果更好。还要注意下是否有甲状腺问题，这在城市人口中较多见。

解析：颈椎因为低头看手机或是躺在床上看手机，导致颈椎变直，从而影响周边血液循环和代谢，容易出现双下巴，并引起呼吸功能下降。因此，需要增加背部肌肉和腹部胸腔的核心肌群来支撑颈椎，从而改善双下巴。

9. 颈部肥大（富贵包）

危害：每天抹很多化妆品，但治标不治本。

回答：长期低头引起颈部肌肉肥大，针对中背部（胸椎腰椎段竖脊肌）的肌肉筋膜放松加强背部的训练，可以快速改善颈部两侧的假性肥大，恢复美好的颈部线条，再将好的呼吸模式和身体姿态融入生活中，就能保持下去。

解析：长期低头姿态导致圆肩驼背，只要把背部练好，身体自然挺拔了。

10. 颈纹

误区：颈纹从小就有，能改善吗？

回答：可以通过改善身体姿态，即圆肩驼背的姿态，缓解和逆转皮肤老化速度，自然颈纹就得以改善。

解析：一般随着年龄增加，运动训练活动相对减少，颈纹会越发显现，颈椎曲度变直。弓背久坐，此外，身体姿态不良，身体吸气效率下降，会增加皮肤的老化速度，而脖子前侧皮肤容易受到皮肤老化的影响，导致颈纹增加。

11. 溜肩

危害：肩膀看起来很窄，而且倾斜向上。

起因：斜方肌功能丧失，或上部过于紧张，中下部过于薄弱。

回答：溜肩，有肩部两侧及腋下两侧肌肉功能下降两方面原因，需要针对这些肌肉做功能性训练，就能快速改善。

解析：肩部三角肌中部是肱骨外展稳定姿态的肌肉，腋下前锯肌下部是维持肩胛骨外旋的肌肉，中下斜方肌薄弱这两部分肌肉功能通常处于弱化状态，导致溜肩。

12. 端肩

误区：给人一种每日神经紧张感。

起因：斜方肌过紧，平时工作肯定压力也不小。

回答：放松中背部（胸椎腰椎段竖脊肌）和肩部两侧（上部斜方肌）、颈部两侧肌肉，增强背部肌肉训练，可以改善端肩的状况。

解析：含胸、过于紧张、呼吸模式不正确，颈椎两侧肌肉会代偿胸腔吸气肌的功能，出现端肩情况。

13. 拜拜肉

误区：狂练手臂，反而越练越粗。

回答：全身性的有氧运动和背部肌肉的低负重、高组数、高次数的肌肉训练，能有效改善拜拜肉。另外，手臂后侧堆积脂肪，是因为小肠经不畅通，平时多按摩一下手臂后侧，能让小肠经变得通畅。

解析：脂肪的堆积是全身性的热量过剩造成的，不同的人容易在不同部位堆积脂肪，拜拜肉显然是堆积在了上臂后部，但想减去它，要回归到全身性的有氧训练才行。另外，背部的肌肉训练，可以加强血液循环，使肌肉更加绷紧，从而改善圆肩驼背，驼背是影响背部和手臂的关键因素。

14. 踇外翻

误区：这个改不了，就这样了，不痛不痒，没什么影响。

回答：踇外翻和扁平足，会严重影响臀形和腿形。在训练的时候我们要加强足弓，多练臀部。

解析：足部外侧三个脚趾功能下降，横足弓塌陷，引起踇外翻；另外，臀部外侧支撑力下降，会增加横足弓应力，造成拇趾外翻倾向。所以要先放松足部，多在不平衡的单腿状态下练习臀部。

15. 丰胸

误区：认为改善胸部就要多练胸。

回答：重点练背，背收紧了，胸部就挺拔了；另外加强腹部，改善肋骨外翻问题，罩杯自然就提升了。因为肋骨外翻会让胸部外扩。

解析：第一，胸部问题重点在于改善圆肩驼背，背部挺拔了，胸部的血液循环就畅通了，胸部也更挺拔。第二，改善肋骨外翻的作用是让胸部更加向中间集中。第三，要加强前锯肌辅助承托，平时还可以做做普拉提圈的练习。

16. 胸外扩

误区：仅仅练胸部中间部位。

回答：应加强核心，多练腹肌，因为腹肌无力导致的肋骨外翻，而肋骨外翻就会造成胸外扩。

解析：肋骨外翻会导致运动的时候背部过度挺直，导致背部腰部发力过多，力量都分散到胸部两侧，很少会练到中间。所以很多人虽然胸部体积不小，但罩杯不够，我们教练能够做的是让罩杯升级。

17. 胸下垂

误区：俯卧撑等训练是加强胸部肌肉。

回答：加强支撑类的训练，因为支撑类训练可加强前锯肌，前锯肌能承托胸部，当这部分肌肉强了，胸部自然就向上了。

解析：胸部的下垂主要是承托功能不足，所以第一要加强背部，第二要多做支撑类的训练，以改善前锯肌功能。

18. 副乳

误区：多做扩胸运动。

回答：重点加强背部，尤其中背部肌肉的力量，当后背有劲儿了，肩胛骨就稳定了，自然就能减少副乳了。

解析：副乳，实际上属于乳腺增生的一种，指的是戴文胸时两侧被挤出的多余脂肪。中下斜方肌和菱形肌的薄弱，冈上肌的紧张，是造成胸部副乳增生的原因。

19. 事业线（乳沟）

误区：仅仅练哑铃卧推来增加厚度。

回答：利用普拉提圈进行训练，加强胸中缝，注意要放松背部。

解析：胸肌中缝又被称为女性的"事业线"，先改善圆肩、驼背，再放松胸大肌的起点，包括锁骨部分、胸骨部分、肋骨部分，再去做小强度的夹胸训练，就能有效锻炼胸部。

20. 胸部一大一小

误区：多练小的一侧。

回答：其实问题在于脊柱的不平衡。用普拉提圈可以改善它。一个手在上、一个手在下，向中间压普拉提圈，非常适合胸部一大一小的问题。当然首先要加强背部的肌肉训练，可以坐在健身球上做背部和肩部的练习。

解析：身体本应对称的部位出现一大一小的现象，通常是不良体态和肌肉紧张无力造成的，只要在不稳定的物体上做训练，人体自然会调节两侧的不平衡。因此，坐在球上做弹力带坐姿划船、哑铃推举，改善背部和肩部问题，身体平衡后再去加强胸部，就容易见到效果，而不是小的一侧多练。

21. 背厚

危害：显得比同龄人老10岁。

回答：圆肩导致血液循环不畅，进而在后背堆积脂肪。所以要加强背部。背部过厚，是由含胸驼背导致的，通过背部肌肉训练调整含胸驼背的不良姿态，配合饮食，可以很快改善背部过厚的状况。

解析：背部过直或者含胸驼背这两种情况都会导致躯干背部的血液循环和代谢下降，出现背部循环不畅通，背部肩胛骨下侧、腋下两侧肌肉功能下降、脂肪增加，出现赘肉。

22. 驼背

危害：增加心脑血管发病几率，显得年龄大。

回答：加强背部训练。改善驼背即可。

解析：当驼背后，整个背部的姿态发生变化，影响整体的血液循环，压迫到心脏从而引起心脑血管疾病。需要增加背部肌肉功能训练，增强肌肉功能，增加身体机能。

23. 翼状肩胛骨

危害：显得后背很突兀，同时极大增加了患乳腺疾病的几率。

回答：加强背部训练和支撑类训练。

解析：上背部（胸椎段）过直和翼状肩胛骨一起出现，需要先加强背部，然后为了保持正常生理曲度，可以多做前锯肌下部训练。

24. 人鱼线、马甲线

误区：一味练卷腹，练旋转式动作，是不大容易练出人鱼线与马甲线的。

回答：第一步，先减腰围；第二步，练出川字线；第三步，练出马甲线；第四步，练出人鱼线。综上，要先减体脂再刻画线条。

解析：重点要注意训练顺序。先练腹横肌，再练腹内斜肌、腹直肌、腹外斜肌。而不是总练卷腹，同时要明确，单纯的腹肌训练比全身性的减脂训练效果要弱化很多。

25. 腰侧赘肉

误区：认为多练两侧、多做旋转就可以，其实不然。

回答：腰两侧赘肉是因为腰椎失去正常曲度造成的，因为腰曲不好就会影响中段的血液循环，再加上久坐、少练，腰两侧就容易堆积脂肪。所以先要改善腰曲，然后多练脊柱伸直下的旋转，以加强腹肌。

解析：对于减掉腰两侧赘肉问题，存在很多误区。重点在于改善腰部的柔韧性，然后多做脊柱伸直的旋转训练，加强腹内斜肌，才能从根本上解决问题。

26. 小肚腩

误区：直接加强腹部，多练抬腿的动作就行了。

回答：重点加强下腹。但为了避免大腿前侧和腰部过多发力，要在训练前多放松腰部和大腿前侧，还应该加强臀部的训练。

解析：下腹训练会用到腿部和腰部的力量，练之前放松这两个部位能让负荷更多集中到腹部。人体会率先调动紧张的肌肉发力，而不是需要的肌肉发力。如果不放松，非常难训练到下腹。另外臀部和腹部是不相分离的，一定要配合臀部的训练才能达到最理想效果。

27. 腰围大

误区：狂练仰卧起坐。

回答：先放松腰部，并增加腹部内收的肌肉（腹横肌）和全身肌肉力量，而不是单独的腹肌训练，肚子会小得很快。不平衡状态下的训练最能优先调动腹横肌，帮助减小腰围。另外，每天喝10杯水，增加身体代谢，促进身体水合作用，再配合臀部肌肉功能训练，可增加腹部脂肪代谢。

解析：腰围的减小，重点是靠腹部的深层肌肉训练，也就是不稳定、不平衡状态下的核心训练，达到快速瘦腰的效果。

28. 臀下垂

误区：认为臀下垂一定要练深蹲。其实不然，离心收缩才能快速改善下垂。

方式：由于现在人们久坐，臀部无力，所以导致臀部下垂。带会员做一两个动作，当场体验和改善。可采用单腿弓步系列，或是单腿硬拉，但不是弓步蹲。

解析：现代人由于弓背久坐姿态，一般在训练臀部的时候，大腿前侧发力过多，臀部训练效率下降，需要通过背部的肌肉功能训练，减少大腿前侧发力，增加臀部训练效率。通过训练臀部两侧的肌肉功能，也可增加臀部训练效率。每周训练2～3次。

29. 方臀（臀上、下两侧堆积脂肪）

误区：屁股天生的，改善不了。

方式：臀部不圆润，主要是臀部上外侧和下外侧堆积脂肪比较多。第一步，要放松腿部肌肉，以免影响臀部发力；第二步，要加强臀部外侧。

解析：臀部外侧堆积的脂肪，多因大腿内扣，所以要放松大腿，再加强臀部，可以起到积极的作用。

30. 扁平臀

误区：亚洲人天生腰臀比例不佳。

回答：每次训练前，先放松臀部上侧和腰部再去练臀，会让臀部整个都练得很酸。

解析：亚洲人往往臀上部不够发达，侧面一看就能看出不同，这并不是天生的，而是运动过少。因为久坐不动，导致臀部未能得到很好的锻炼，尤其是臀上部，以至于被误认为是天生的。其实每次训练先放松臀上侧，很快就能拥有完美臀腿比例，当然还要加强下腹部训练才能更有效。

31. 臀部一大一小

误区：只练小的那一侧。

回答：只要在不稳定的情况下进行单侧的臀部训练即可，即左右交替、两边分开练习。

解析：日积月累的不良姿势，会导致骨盆的倾斜及旋转，这是影响臀部一大一小的关键因素，所以在不稳定状态下做单边臀部训练尤为有效。

32. 大象腿

误区：多拉伸大腿。

回答：并不是多拉伸，而是要加强臀部。首先用泡沫轴揉腿，然后加强臀部的训练。既能达到瘦腿效果，又能提臀，一举两得。

解析：女性臀部外展内收肌肉的力量下降，膝关节内旋，臀部肌肉稳定支撑发力少，导致腿部发力多，会导致大腿粗。所以重点放松大腿和小腿、加强臀部。

33. 大腿内侧赘肉堆积

危害：会导致整个腿显得臃肿，橘皮组织增加。

回答：重点加强臀外侧的肌肉，改善膝内扣的情况，才能从根本解决内侧堆积脂肪问题。

解析：臀部和大腿往外旋转的功能下降，大腿内侧用得少，大腿内侧的肌肉萎缩，脂肪就会增加。

34. X 型腿

危害：会从视觉上看着小腿短，还会因为骨盆循环不畅通，导致妇科疾病。

回答：X型腿主要是大腿内侧过紧、臀外侧无力造成的，多加强臀部就可以改善。

解析：足弓塌陷、膝关节内扣造成X腿，因此要增强足底筋膜功能维持足弓，以及增加大腿外旋和内收，改善大腿内旋、臀部外展外旋的功能。

35. O型腿

危害：会造成腹部堆积，脂肪、臀部扁平。

回答：O型腿是因为大腿内侧无力，而外侧尤其是臀部过紧造成的，要多练大腿内侧和腹肌，这样才能减少腹部的脂肪。

解析：骨盆后倾，臀部内收内旋功能下降，容易造成大腿内侧无力内收，时间长了还影响男性性功能。

36. 长短腿

危害：不仅影响美观，而且与腰腿痛、颈椎病、脊柱侧弯等各种脊柱病患密切相关。

回答：多做双腿或单腿的平衡训练，再配合其他的练习，很快就有改善。但如果双腿长度差超过1.5厘米的话，就要到医院诊治了。

解析：双腿不等长，是骨盆倾斜或旋转导致的，要调整骨盆位置，加强臀部。

37. 膝关节内侧赘肉

误区：盲目练腿。

回答：是外侧的问题影响了内侧，通过泡沫轴按摩大腿外侧，做针对大腿的前外侧肌肉筋膜放松伸展，再加强大腿后侧和臀部肌肉（外旋内收）的肌肉收缩功能，就能改善膝关节超伸导致膝盖内侧赘肉的问题。

解析：臀部外扩（大腿内旋）容易造成膝关节内侧旋转，导致循环不畅通。通过调整膝关节位置，增强臀部外侧功能，加上平时的膝关节不超伸，可以让膝关节前后力学平衡，改善其内侧赘肉的问题。

38. 膝关节下侧赘肉

误区：是不是走路走多了？

回答：通过泡沫轴按摩大腿前侧和小腿后侧，针对大腿的前外侧及小腿后侧肌肉筋膜做放松伸展，再加强大腿后侧和臀部肌肉（外旋内收）的肌肉收缩功能，就能改善膝关节超伸导致膝盖下侧赘肉的问题。

解析：膝关节赘肉影响穿裙子时的美感。膝关节超伸、臀部外扩（大腿内旋）容易造成膝关节内侧应力过大，循环不畅通，通过调整膝关节前后力量平衡，增强臀部的功能，加上平时的膝关节不过度超伸，可以让膝关节前后力学平衡，改善其内侧赘肉的问题。

39. 萝卜腿

误区：多练小腿，多拉伸小腿即可。

回答：只是练小腿、拉伸小腿，没解决最大的问题。因为臀部无力，所以小腿才在运动中发力过多；因为久坐，导致下肢血液循环不畅通。每次训练前，先揉20分钟小腿，左右各10分钟，然后加强臀部的训练即可。

解析：小腿粗主要是因为平时小腿的表层肌肉过于紧张，如果我们调动了深层肌肉，表层肌肉就能得到放松，所以关键是放松小腿跟腱部分，然后练臀。

40. 小腿不直

危害：小腿不直会导致臀部下外侧堆积脂肪。

回答：放松小腿前外侧，加强大腿内侧和臀外侧，很快就能改善。

解析：臀部和大腿内侧的力量不足，导致站立时重心偏外，久而久之，小腿变成O型。也有可能在长身体时，运动量过大，小腿压力过大所致。

41. 扁平足

误区：这个问题对减肥没什么帮助。

回答：扁平足严重影响腿形和臀形，它的诱因是步姿不正确，不会用足弓的力量，所以要放松足底，再加强足弓和臀，重点要学会正确步姿。简单来讲是加强臀部训练。

解析：横足弓塌陷引起纵足弓塌陷，出现扁平足，因此要增加恢复横足弓的功能训练。

（1）通过增加足部外侧三个脚趾的功能，恢复横足弓功能，减少在步行和跑步中纵足弓压力。

（2）做外侧三个脚趾稳定抓地的提踵训练，恢复横足弓的维持肌肉功能，减少纵足弓压力，改善扁平足。

（3）增加臀部两侧力量，减少足部支撑时内侧的压力，减少踇外翻倾向压力。

42. 皮肤松弛

误区：使用各种保养品、面膜。

回答：肌肉的加强，有利于改善代谢；肌肉的饱满，有利于肌肤的弹性。

解析：肌肉是延缓衰老的有利武器。从30岁开始，人体肌肉每十年流失3%～5%。肌肉减少后，新陈代谢变慢，导致皮肤松弛。所以，最关键的是强健肌肉。

43. 浮肿、眼袋

误区：多休息，睡前少喝水，多做美容。

回答：仅靠休息和营养是不够的，应该多做拉伸，尤其是早起身体后侧的伸展，每天早起拉伸30分钟会有明显效果。

解析：浮肿、眼袋多和代谢有关，拉伸身体后侧（膀胱经）有利于调节代谢。但要注意，若过度浮肿，需考虑肾功能问题。

第二节　健康、难言之隐类

以前，我们认为得了高血压、糖尿病、痛风等病，就必须到医院接受治疗。但实际上，80%的疾病都是因为缺乏锻炼导致的，而60%的疾病和损伤是可以通过运动改善的。对于健康，人们存在很多认知误区，比如腰痛就要练小燕飞，膝关节痛就要少走路。这一节，我们会针对各种健康误区进行解答和分析。

1. 肩周炎

误区：静养就可以。

回答：单纯静养并非最佳方案，关键是提高肩关节的灵活性和放松紧张的部位。首先通过手法按摩改善损伤部位的疼痛问题，其次要改善圆肩驼背，大多数肩周炎都是因为驼背引起的，最后加强肩关节深层的肌肉训练。

解析：肩部的深层肌肉即肩袖肌群，包括冈上肌、冈下肌、小圆肌、肩胛下肌，它们可以帮助肱骨上抬时肱骨近端下压减少肩峰下间隙的压力，帮助肱骨近端的外旋、内旋及肱骨稳定产生动作而不出现压迫。

当这些肩袖肌群在长期不良姿态下功能减退，肱骨会不稳定，控制能力下降，从而出现肱骨挤压、磨损到肩关节深层的滑囊和肌腱，产生炎症。

2. 颈椎病

误区：只针对颈椎做治疗，如牵引及按摩。

回答：重点加强背部，背部有力量了，颈椎的压力自然减少；此外，增加颈部及背部深层肌肉的训练。

解析：要从体态的角度分析颈椎病。当体态发生变化，肌肉随之发生不平衡，久而久之导致炎症。颈椎病分为三种情况：一种是颈椎过度弯曲向前，导致颈椎压力过大；另一种是颈椎曲度变直后，导致脊椎变直，失去灵活性和减震的能力，引起颈椎不适；还有一种是两者的结合，我们俗称“富贵包”。这三种情况，无一不是和背部没有力量、没有支撑起身体有直接关系。

3. 腰背痛

误区：只做小燕飞。

回答：小燕飞这个动作本身没问题，但并不适宜中老年人去做。80%的腰背痛都是腰椎间盘突出的表现，乃至坐骨神经痛也是腰椎间盘突出的一种表现。所以重点要加强腹部的深层力量，以及腰部的深层力量，稳定脊椎，从而达到康复的目的。

解析：弓背久坐导致椎间盘纤维化，纤细的神经长期受到挤压和刺激，引起下背痛。所以，训练前要充分放松小腿和臀部，因为这两个部分和腰部相连，如果它们紧张，就会导致腰部紧张。然后，针对不同问题做训练。

（1）腰椎间盘突出：少做过度弯曲向前以及弯曲向前同时旋转的动作，重点强化腹横肌和多裂肌。

（2）腰椎滑脱：少做身体后弯以及后弯同时旋转的动作，重点加强腹部和腰大肌。

4. 心脑血管病

误区：仅借助降压药和饮食调理。

回答：每周3~5次、每次30分钟左右的小强度有氧训练，可以很好地改善心脑血管问题；如果是私教课的话，每周3次左右的训练可以帮助会员在2~3个月的时间明显改善心脑血管问题。

解析：有氧训练可以提高血流速度，降低血液黏稠度，促进一氧化氮分泌，扩张血管，增加血管弹性，增加高密度脂蛋白，帮助疏通血管。持续性的肌肉耐力训练，还可以提升肌肉对胰岛素的敏感度，使身体能快速处理血糖，减少糖基化血红蛋白数量，有益心血管健康。

5. 糖尿病

误区：不忌讳饮食，所采用的运动方式仅仅是散步。

回答：糖尿病是新陈代谢问题，全身中小强度肌肉训练可以有效提升胰岛素的利用率，从而改善Ⅱ型糖尿病。

解析：持续性的肌肉耐力训练，可以提升肌肉对胰岛素的敏感度，降低胰岛素抵抗，促进糖尿病恢复。

6. 痛风

误区：仅仅注意饮食，限制高嘌呤食物摄入。

回答：痛风是身体能量代谢问题。全身肌肉耐力训练，加上每天10杯水，可帮助身体排出过高的尿酸，有效减少痛风发病次数，并缓解疼痛。

解析：肌肉训练是为数不多的提高身体代谢机能的有效方法。

7. 风湿及类风湿

误区：仅仅借助膏药和汤药。

回答：采用中小强度肌肉耐力训练，少摄入面食，可有效改善此类问题，但注意受损的部位要做特殊训练，重点是先放松受损伤部位的肌肉，然后通过肌肉训练提高全身的循环功能。

解析：风湿和类风湿是免疫系统疾病，身体处于多种致炎症因子对身体损伤的过程。小强度的肌肉耐力训练，可以有效地增强抵抗力，降低炎症反应，多种文献已证明运动训练有助于风湿和类风湿的康复。

8. 抑郁

误区：仅仅服用抗抑郁药物。

回答：除了家人陪伴、服用药物外，运动也是非常重要的方法。大强度、群体性、趣味性、互助性的训练，可辅助改善抑郁症状。

解析：大强度运动会促进内啡肽和多巴胺的分泌，这两种神经兴奋物质有助于抵抗压力、提升兴奋感。互动性的群体运动，会让参与者在鼓励中完成训练，提升神经兴奋性。

9. 神经系统损伤

误区：很多人认为神经元一旦损伤，恢复的几率非常小。其实在物理治疗领域很多成功案例都表明，通过训练确实可以不同程度地恢复神经元。

回答：通过康复训练，能有效康复神经系统损伤，建议每天做1~2个小时的中小强度训练。

解析：静态训练以及远固定训练可以让肌肉募集更多神经元，帮助相关的神经恢复功能。只是恢复过程可能会比较缓慢，需要有一定耐心。

10. 静脉曲张

误区：这个无法改变，最多不让情况继续恶化。

回答：放松小腿和大腿前侧，加强臀部和股四头肌，不但练好臀部，而且改善超伸的问题。

解析：静脉曲张，又叫大隐性静脉曲张，是膝关节超伸后静脉血液循环不畅通导致的。我们可以通过训练改善超伸，从而有效缓解病情。比较严重的静脉曲张，一般经过半年左右训练后，会明显看到血管浮凸程度减轻。

11. 痔疮

误区：只能做手术。

回答：加强骨盆底肌、大腿内侧和臀部的训练，可有效改善。

解析：增强臀部及整个下肢、后背肌肉训练，按摩尾骨两侧肌肉，帮助促进盆腔血液循环，改善直肠的静脉回流，有助于痔疮的康复。而其中，骨盆底肌和大腿内收肌又起到决定性作用。

12. 膝关节损伤

误区：不重视膝关节问题。

回答：重点放松和加强股四头肌，因股四头肌在损伤中处于“又紧张又无力”特殊状态。

解析：膝关节的损伤很常见，主要是下肢力量减弱造成的，导致骨骼承受的力量过大。应该先针对膝关节周围的肌肉，尤其是股四头肌，进行拉伸放松和肌肉力量训练，然后重点加强臀部、腹肌、大腿内侧等肌肉，使身体恢复到平衡的状态。

13. 踝关节扭伤

误区：休养一段时间就好了。

回答：多做平衡训练，尤其是踝关节的平衡训练，能加强踝关节力量，预防踝关节扭伤或帮助伤后恢复。如下雨天疼痛等风湿问题，都可以通过训练改善。

解析：踝关节扭伤拉伤，由几大因素组成。（1）踝关节不稳定，关节周围肌肉组织缺乏力量；（2）足弓力量不足，导致支撑力不足；（3）臀部和大腿内侧力量不足，导致身体压力都在外侧，影响稳定性。就这三个方面进行针对性练习，能很好地改善踝关节问题。

14. 脊柱侧弯

误区：仅借助医疗手段。实际上，40° 以下的特发性脊柱侧弯，应该采取运动疗法或物理治疗。

回答：脊柱侧弯重点在于整体体态的调整。通过训练，可以在半年左右矫正6°～8° 。

解析：每天的训练必不可少，但一定要讲究训练顺序。

脊柱侧弯的训练顺序是：

（1）矢状面训练：多做屈伸的训练，加强腹肌，腹部力量缺失是脊柱侧弯的罪魁祸首。

（2）水平面训练：身体旋转的问题往往先于侧弯出现，

也非常需要解决。所以旋转训练是第二位。

（3）冠状面训练：臀部外侧、大腿内侧、中下斜方肌的力量，都需要通过冠状面解决。

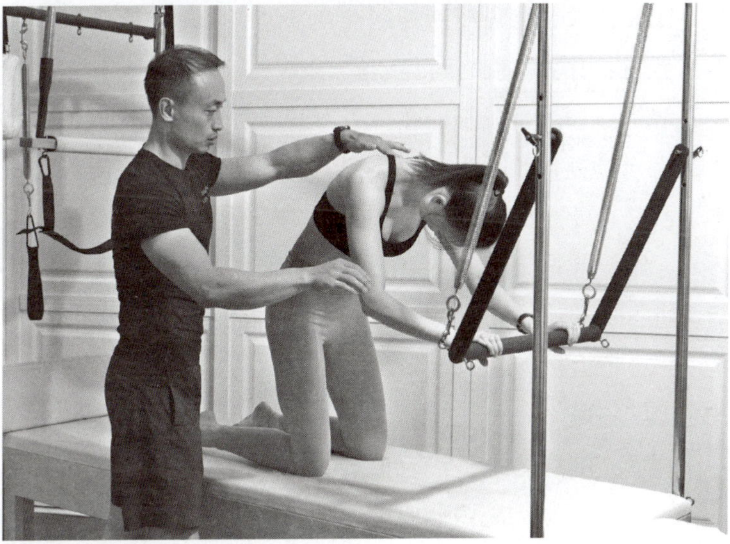

15. 骨折及韧带损伤康复

误区：“伤筋动骨100天”，休养就好了。

回答：拆除石膏或夹板后，要做康复训练，可以解除筋膜黏连，恢复相关关节的活动范围，强化患处已萎缩肌肉的力量，增大其围度，有效缩短恢复周期，尽快恢复到健康状态。可以比“只是休养”的恢复速度快20～30天。

解析：康复性训练通常分为三步：

（1）用静态训练恢复关节活动和肌肉张力。

（2）用功能性训练恢复肌肉功能。

（3）其他肌力和肌肉耐力训练。

16. 术后康复

误区：直接静养休息。

回答：通常术后要做功能性恢复训练，可以比单纯的静养休息恢复得快一些。

解析：如果是骨折，在拆了石膏夹板后，第一步，做一些静态对抗性训练，以恢复肌肉力量和关节活动范围；第二步，恢复其日常肌肉功能；第三步，恢复力量。如果是脏器的手术，则要首先促进伤口恢复，呼吸训练是个不错的方法，然后再进行日常功能练习。

17. 生育

误区：健身无助于生育问题。

回答：加强大腿内侧肌肉、骨盆底肌、臀肌、背伸肌群训练。

解析：以上训练可以促进骨盆周边血液循环，促进生殖系统功能，增加性激素合成，促进性功能，提高精子和卵子质量，帮助受孕。

18. 乳腺问题

误区：增生未到2.5厘米，保守观察；超过2.5厘米做手术。

回答：训练能很好地改善乳腺问题。首先要放松背部，尤其是菱形肌，它的紧张直接影响乳腺健康；然后多拉伸肩关节，提高淋巴的排毒功能；最后改善背部，不圆肩驼背，胸部自然就好了。

解析：胸部肌肉筋膜训练可以提高乳房的支撑，降低乳房下垂程度。背部肌肉可以有效地支撑身体，防止含胸，从而降低乳房压力。菱形肌对应的T4 脊神经通往乳腺，因而需要放松菱形肌。

19. 痛经

误区：多喝热水——这可能是女孩子最反感的一句话了。

回答：放松髂腰肌，因为髂腰肌过紧，会影响骨盆周边的血液循环。伸展臀部和大腿内侧，用按摩球按摩骶骨两侧、腰部，以增加臀部两侧稳定肌训练。拉伸时每个动作需要保持在1分钟以上，练习3~5次才有效果。

解析：子宫骶骨韧带连接在骶骨上，在痛经时因子宫收缩牵扯腹部，进而引起痛和下背痛。调整大腿内侧和骨盆，可以降低腹部张力，缓解痛经。拉伸髂腰肌可有效改善骨盆血液循环。

20. 宫颈问题

误区：只是寻医问药，没有从加强运动的角度调理身体。

回答：只要提高了骨盆的循环代谢，自然就解决了问题。

解析：骨盆带周边的伸展，可有效促进血液循环，同时要配合骨盆底肌和腹肌训练、大腿内收肌和臀部肌肉训练。

21. 周期调理

误区：仅仅喝中药调理。

回答：伸展髂腰肌以及骨盆周边肌肉，配以全身肌肉尤其是腹部和背部后伸肌肉功能训练，肌肉加强了，身体变通畅了，月经周期就会更规律。

解析：当身体恢复到正常体态时，身体循环会恢复到正常。但要注意，可能要经过2~3个周期的调理期，期间可能周期极其不稳定。

运动强度大后月经会提前或推后：（1）可能会出现运动性血尿，不是月经，是尿液变成红色；（2）30%可能是会员在自身调理过程中，把体内淤血排出；（3）确实是有妇科疾病，如子宫肌瘤。

22. 孕期护理

误区：仅仅休养。

回答：孕期训练可减少各种不适，帮助顺产，缩短产程，促进产后恢复及哺乳。产后积极恢复可有效缩短产后恢复的时间，减少产后不适。

解析：孕中训练目标及内容如下。

（1）骨盆底肌和呼吸、腹横肌训练——学习生产，帮助顺产，防止孕期尿失禁。

（2）肌肉力量训练——保持体重，防止体重增长过快，利于生产，提升体力，使孕妇更舒适和轻松度过孕期。

（3）胸部训练——预防胸部下垂。

（4）臀部、大腿内侧、腹横肌训练，背部稳定肌训练——降低孕中的臀部、耻骨、下背以及颈椎背部慢性疼痛，防止臀部下垂。

（5）上肢和下背力量——增强手臂和背部力量，方便照顾婴儿。

（6）呼吸模式重建——改善孕中便秘和呼吸短促。

（7）小腿放松—— 防止过度水肿。

23. 产后恢复

误区：认为产后恢复一定要大强度训练才能瘦得快。

回答：产后重点是恢复体态，体态的改善帮助身体循环的恢复，不用太大强度就能让身体逐渐瘦下来，而且不影响哺乳。其次是产道修复、胸部保养及骨盆保养，目的是让身体早日恢复到以前的状态。

解析：

（1）骨盆底肌训练——帮助子宫和会阴肌的功能恢复，防止产后尿失禁。

（2）腹部呼吸训练——促进腹部线条的恢复，促使恶露排出。

（3）呼吸训练、腹部不稳定训练及离心训练——帮助分离的腹直肌度恢复合拢。

（4）大腿内收肌训练，臀部、背部、肩关节稳定性训练——降低产后的臀部、耻骨、下背以及颈椎背部慢性疼痛。

（5）脊椎训练——当采用剖腹产、侧切等生产方式时，减轻使用麻药对脊椎和神经的损伤。

（6）增强上肢和下背力量——方便照顾婴儿。

（7）臀部训练——防止臀部下垂。

（8）呼吸模式重建——改善孕后便秘和呼吸短促的症状。

（9）体力提升——更舒适和轻松地度过哺乳期，更轻松地照顾婴儿。

（10）有氧训练——目标是产后6个月内恢复孕前正常体重，防止身体发胖走形。

（11）上肢塑型——杜绝拜拜肉。

24. 产道修复

误区：只是休息，不做训练。

回答：通过2~4周的骨盆底肌和腹肌训练，可以让盆底肌很快恢复紧致。

解析：结合臀部的肌肉放松、骨盆周边的伸展，以及骨盆底肌的"电梯运动"，能帮助产妇很快恢复。

25. 产后体姿

误区：仅仅做美容，或者完全放任不管。

回答：在产后，顺产（9周开始）、剖腹产（13周开始）每周3~4次，每次30~40分钟，都可以有效帮助恢复体态，恢复年轻状态。

（1）由于要照顾孩子，产后很容易出现驼背等问题。

（2）腹部、臀部松弛多是由于产后恢复不到位。

（3）腿形、胸形等问题多因缺乏肌肉锻炼。

解析：体态变化是女性产后出现衰老迹象的一大特征，其实她们相貌并没有太大变化，仅因为体态问题而显得年龄大了。所以相关部位，尤其是腹、背、臀的训练至关重要。

26. 胸部保养

误区：产后乳房松弛、干瘪的现象很难改善，如果单纯做俯卧撑，可能导致胸部更小。

回答：其实不然，背部训练能改善产后驼背现象，腹部训练能改善肋骨外翻现象，支撑类训练能让胸部乳腺组织得到由下而上的承托，呼吸训练能提升胸廓。

解析：胸部肌肉筋膜训练可以提高乳房的支撑，减少乳房下垂幅度；背部肌肉可以有效地支撑身体，防止含胸，减轻乳房压力；呼吸训练可以降低肩部压力，增加肺部胸腔支撑力，防止含胸驼背。在产后胸部保养计划中，胸部肌肉（前锯肌、肋间外肌）、肩关节稳定肌（肩袖肌群）、腹肌、背伸肌训练和呼吸训练都是训练的重点。

27. 产后骨盆保养

误区：仅借助手法调理而未做训练。

回答：针对大腿内收肌和臀部、腹部及脊柱，进行灵活与力量训练。通过1~3节课，就能有效改善骨盆问题。

解析：产后骨盆恢复原理很简单，只要强化臀部，尤其是臀部外侧的肌肉，骨盆可以很快地恢复到生产以前的状态。

28. 男性战斗力

误区：各种食补——也许只是拔苗助长。

回答：应加强大腿内侧、腹肌、臀部。其中，臀部是最关键的，腿部肌肉、背部伸肌、心肺耐力也必不可少。多练习象形动作，也就是模拟做爱姿势的动作，如硬拉、俯卧撑等，会很有效果。

解析：要想提升男性性功能，第一是通过肌肉训练（尤其是下肢）提升雄性激素水平，第二是通过加强大腿内侧和腹肌的力量让控制力大幅度提升。如果是为了提高精子活力，建议每周做做有氧练习。

29. 男性前列腺问题

误区：单纯吃药。

回答：身体不畅通是罪魁祸首，要结合运动。久坐或性生活过频、过少，都会导致前列腺疾病。拉伸大腿内侧和骨盆周边肌肉，让血液循环恢复畅通，能改善前列腺机能。

解析：伸展、用泡沫轴按摩臀部和大腿内侧，加强大腿内侧、腹肌肌肉训练，能促进盆腔血液循环。此外，骨盆底肌训练也有一定作用。

30. 脊柱护理

误区：脊椎没什么训练方法，不用练。

回答：控制四肢及身体灵活运动的是神经，而神经从大脑经脊柱分布到四肢。也就是说，脊柱包裹着神经，一旦脊柱变形了，神经受到压迫，就容易出现肌肉劳损、身体运动功能失调。脊柱出现问题，就像零件生锈，所以要定期保养脊柱。

解析：脊柱是人体的重要“结构部件”，它起到支撑身体的作用。脊柱如果出现问题，就会造成很多不良体态问题，进而对增肌减肥都产生负面影响。除此之外，脊柱的前方还附着了身体最主要的静动脉，一旦脊柱不灵活，身体的循环系统就会受到影响。

31. 体姿改善

误区：体姿并不影响生活，所以无关紧要。

回答：体态的锻炼是减肥塑形的关键，能够有效提升训练效果，改善代谢功能。

解析：人体就像一个精密仪器，骨骼、肌肉的排列，身体姿态的变化，都影响整个循环系统。所以，改善体态是身体训练的"基础工作"。

32. 腹股沟疼痛

误区：无关紧要，说不定是哪里拉伤了吧。

回答：伸展大腿前侧及髂腰肌身体侧面，训练臀部，加强呼吸功能训练（肋间呼吸），降低肌肉骨骼应力在大腿阔筋膜张肌处的积累，改善腹股沟疼痛。

解析：腹股沟疼痛一般都不是小问题，要引起重视。伸展上述部位可改善循环，让身体更畅通，强化腹肌、臀部和大腿内侧可以巩固训练效果。

33. 睡眠不佳

误区：仅仅服用褪黑素、松果体素。

回答：呼吸训练、耐力训练、泡沫轴放松，可以改善睡眠。

解析：各种亚健康问题会影响睡眠，身体姿态不良会影响身体循环功能，导致睡眠障碍，其中颈椎压力过大尤其有影

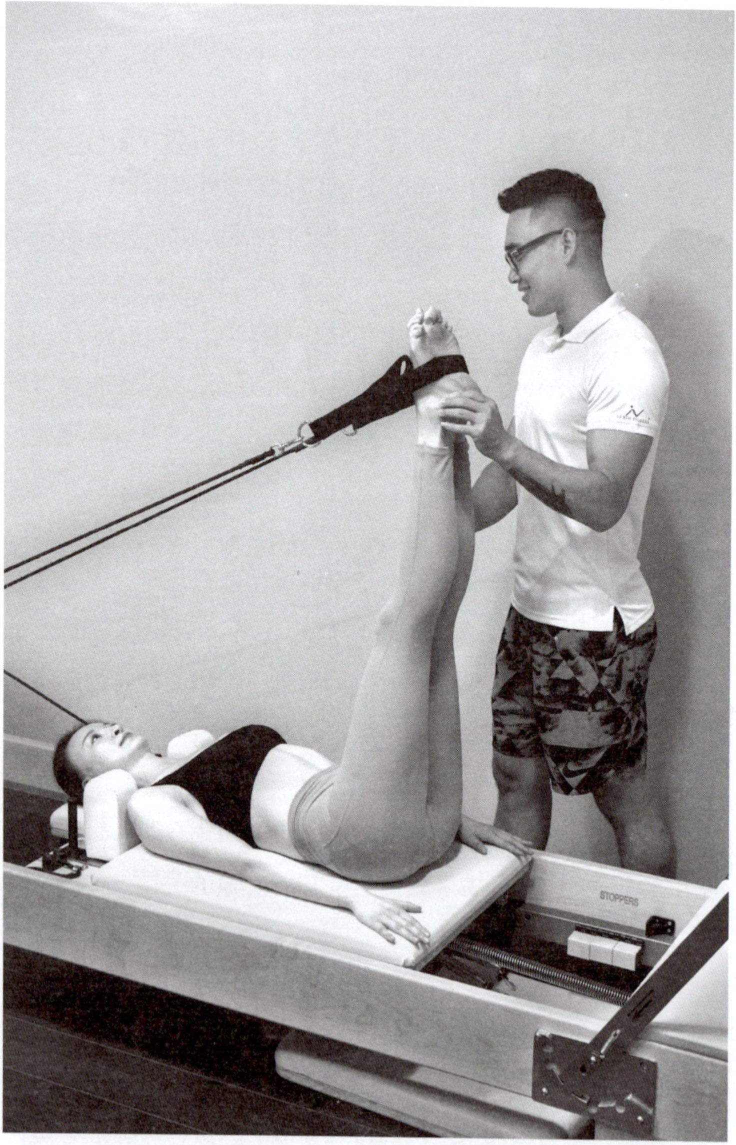
STOPPERS

响。通过耐力训练和泡沫轴放松，加强背部肌肉，能促进身体进入待修复状态，帮助睡眠。

34. 手脚冰凉

误区：这是中医所说的寒性体质，需要中药调理。

回答：有氧运动能促进血液循环。此外，下肢冰凉可放松腰部和小腿并练臀，上肢冰凉要改善含胸驼背的体态。经过一两个月的训练，手脚冰凉的情况就能得到改善。

解析：调整体态，改善循环，冰凉的部位自然就暖和了。一氧化氮可以扩张血管，它分泌的物理条件是血管血流量及血管剪切力增加，当手脚的血管扩张后，手脚温度自然上升。手臂和小腿的肌肉耐力训练，可以增加毛细血管开放量和即刻的血流量。

35. 落枕

误区：建议去正骨。

回答：放松斜方肌和头夹肌就能很好地改善落枕。

解析：给会员一个正确的观念。是长期的肌肉疲劳导致的，放松上斜方肌和中下斜方肌是解决问题的关键。

36. 皮肤缺乏光泽和弹性

误区：天天泡美容院。

回答：通过系统健身，包括有氧运动和无氧运动，以及科学饮食，尤其保证蛋白质的摄入，能够改善血液循环、提升新陈代谢、提供修复皮肤所需的原料，从而使皮肤变得光泽有弹性。

解析：健身是更好的美容剂。皮肤的代谢，完全代谢一遍是28～100天，随着年龄的增加，代谢速度逐渐减慢，引起皮肤老化，所以加强肌肉训练是关键。

37. 抵抗力差

误区：抵抗力、免疫力是天生的，越练越低。

回答：训练后是容易抵抗力下降，尤其大强度运动后。建议训练后注意保暖，同时补充维生素。长期来看，运动是可以提升免疫力的。

解析：要详细讲明原因，会员就放心了。

第三节　专项技能提升

很多会员认为，想要提高专项成绩，就只能不停地训练，不断地挑战自己、突破自己。其实，想要提升专项技能，除了专项本身，还要加强相关部位的训练。比如，高尔夫练习者想要拿到好的成绩，只是每天练习打球是不够的，还要加强肌肉的柔韧性、脊柱的旋转能力、身体的协调能力等。“有针对性”是专项训练的关键词。

专项练习，要满足以下训练顺序：

第一阶段为关节功能、核心控制；

第二阶段为基础动作模式；

第三阶段为基础力量肌肉训练；

第四阶段为综合体能（力量、柔韧、敏捷、耐力、速度、平衡）；

第五阶段为专项训练。

无论是哪一种专项训练，教练都要了解它，能和会员聊到一起，知道相关的技巧。教练还要按照顺序带会员训练，以取得较理想的效果。这一节重点是告知会员相关的训练方法，以引起会员的重视，而不是仅仅单一训练那么简单。

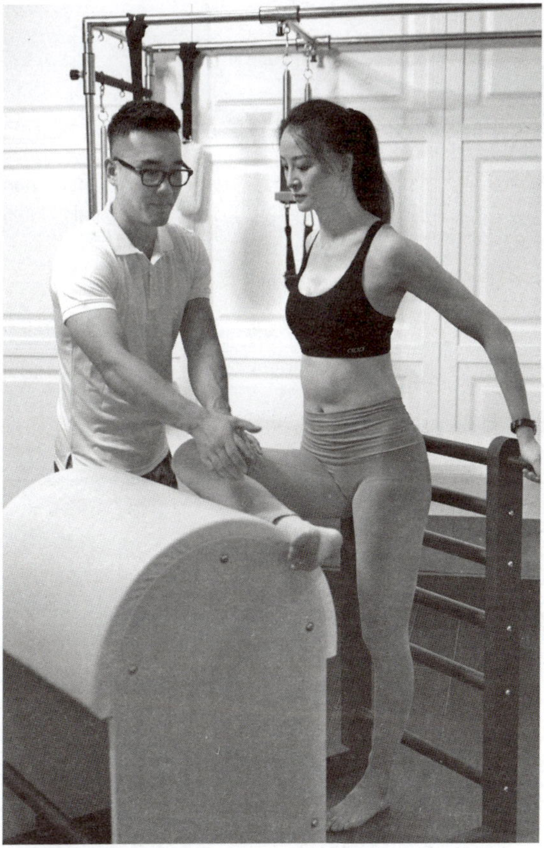

1. 高尔夫

回答：高尔夫练到一定程度时，身体的灵活性、核心的控制能力就变得十分重要，它们同时可以预防损伤、帮助康复。

解析：高尔夫体能，重点练习的是如下几个方面：

（1）训练脊椎及肩关节、髋关节的灵活性、柔韧性。

（2）调整体态，加强核心力量，提高稳定性。

（3）提升体能，以应对18洞的体能要求。

2. 网球

回答：网球运动会对膝关节、肘关节、背部造成很大压力。要加强小腿后侧、大腿后侧、臀部肌肉训练，加强下背后伸肌、肩关节稳定肌训练，加强腹部核心耐力训练、身体敏捷反应训练。

解析：教练的作用是教给学员如何更好地运用肌肉发力和预防损伤。比如加强背部和腹肌，让挥拍更有力，减少肘关节压力；加强臀部和大腿，减缓冲击力，提高敏捷性和速度。

3. 马拉松

回答：长距离跑步，姿势和体能的分配、呼吸的调整尤为重要，不是单纯靠毅力就可以。提高马拉松成绩的三要素：最大摄氧量（VO_2max）、跑步姿势、技巧。所以先练体能，再练姿式、呼吸。

解析：跑步的姿势控制十分重要，肌肉发力不正确会影响跑步成绩，其中的技巧非常多。比如摆臂方法、呼吸方法、步幅步频等。

4. 儿童体适能

回答：良好的身体姿态，对一生都有莫大的帮助，所以要培养儿童良好的运动习惯。

解析：专注度、协调能力、团队配合能力，要从小抓起。针对不同年龄段儿童的运动训练，可以有效改善体态、增高身体、改善孤僻性格，使孩子远离手机。

5. 游泳

回答：大多数人只游泳，忽略基础素质训练。游泳成绩的提升，除了日常的水中训练，很重要一点是肌肉训练，尤其是背部和臀部的力量训练；一些小肌肉，比如足部、肩袖肌群，在游泳中也很重要。也有人认为游泳减肥效果特别好，其实不然。人在低于体温的情况下，会储存皮下脂肪以御寒。

解析：不要忽略了专项练习。

6. 举重

误区：男性力量举专项，崇尚力量训练的人才练，其他人没必要练。

回答：力量举训练，并非男人的专利，而是有助于所有健康的健身者提升身体素质、获得减肥效果。

解析：功能训练对强健全身肌肉、保护身体、减肥塑形都很有帮助。

7. 篮球

回答：高强度对抗对身体素质要求很高，要加强肌肉力量，增强弹跳力。

解析：全身性的肌肉训练对提升篮球水平十分有帮助。同时，还需要加强敏捷性、协调性、弹跳力等专项训练。

8. 足球

回答：身体素质及专项能力是中高级水平足球爱好者提升水平的关键。C罗每日做3000个仰卧起坐，可以做到人球合一，保持高水平的竞技状态。所以核心训练包括身体的协调性、敏捷性和肌肉的围度、力量、爆发力，都需要加强。

解析：身体素质是需要借助健身房器械或小工具提升的，而非简单跑跑步、做做仰卧起坐。

9. 自行车

回答：自行车不会让腿变粗，正确的姿势有助于加强臀部和腹部，是很好的减脂瘦身方式。

解析：骑车时，后背不要挺直，弓背骑行可以有效练到臀部和腹部；脚尖不要朝下蹬，尽量保持脚掌平行于地面或微向下倾斜，这样才能更多使用臀腿部的力量。

10. 功能训练/体能训练

回答：这是最有效的减肥塑形方式之一，普拉提其实就是功能训练的一种。体能训练分为两类。其一是运动素质，包括力量、速度、耐力、柔韧和灵敏、平衡；其二是动作控制，即支配身体完成一些相对复杂的运动。

解析：能够调动更多肌肉参与，对日常生活帮助比较大的训练，大多属于功能训练，而不是单纯的跑步等心肺练习。

11. 心肺功能

回答：要有计划性地进行训练。两种方式可以节省时间、提升心肺功能，一种是走跑交替训练，另一种是循环进行2~3种功能训练动作。

解析：要把心率控制在最大心率的80%左右，才能有效锻炼心肺功能。时间则要控制在15分钟以内。

12. 柔韧性

回答：在拉伸之前，先做一下泡沫轴的按揉，可以很好地放松肌肉，提升柔韧性。

解析：疼痛是很多人不愿意坚持训练的原因，所以我们要让会员没那么痛、没那么累，还能达到效果。揉泡沫轴能放松紧张的肌肉，非常有效。

第四章 私教发展

健身學院
ON EARTH
SEXY BOOTY
SEXY BOOTY

在教练的职业生涯里，我们总会遇到这样或那样的问题，其中最容易让人迷茫的就是教练的发展规划问题。很多人面临着抉择，是留在大城市还是回到故乡小城，是去工作室还是健身房，或者是否开始创业。

这一章分为两节：发展规划和人际关系。第一节，我们会列举一些教练在职业生涯中最容易遇到的问题；第二节，我们会告诉教练们如何与同事相处。

其实，不论你在哪个行业，都会遇到各种问题和困难，需要做的只有一件事情——坚持。很多教练承受不住压力，选择离开甚至转行。我们更应该面对困难、解决困难，而不是遇到困难就逃避，那只会让你养成习惯性逃避的坏习惯。

第一节　发展规划

在职业规划中，"方向比努力更重要"。

很多教练认为，"只要多学习，让自己变得更专业，会员就会喜欢我，就会主动找我买课"。但有时，教练学得越多，反而越卖不出去课。

还有教练认为，"我在这家健身房工作烦了，换下一家再重新开始"。其实，这会让你的职业生涯倒退三年。

也有教练认为，"我又有技术又懂管理，何不自己开一家工作室，更赚钱"！但这样的公司往往没两三年就倒闭了。

面对问题时，我们所做的每一个选择，都会影响未来的职业生涯。而健身行业属于服务行业，教练作为从业者必然会遇到较多的问题。

记住，这个时代的教练，坚持做好一个教练才能收获更多。而在发展中最迷茫的时期就是在工作的第一年、第三年和第八年的时候，80%的教练都是没挺过第三年，就转做其他，或是换个工作环境，或是自己创业，因而没看到成功的最后。什么原因？没有坚持！

这一节，我们会解答一些职业生涯的问题，并给出一些未来发展的建议。

1. 去大城市还是在小城市

误区：大城市挣钱多、节奏快，小城市则挣钱少、生活安逸。

解析：挣钱的多少和城市无关，大城市也有挣钱少的人，问题的重点不是城市大小，而是能力高低。如果你是刚刚入行，那么建议你先留在大城市一段时间，对健身行业有更多了解后，再决定要在哪里长期发展；如果你已经做几年教练了，可以到三四线城市发展，未来的中国经济有很大一部分增长都在中等城市。

2. 健身房和工作室哪个更适合我

误区：健身房业绩压力大，工作室技术要求高。

解析：首先，我们要明确的是，不论你去哪里工作，技术和服务对于教练来说都是至关重要的。其次，健身房和工作室各有各的优势，健身房客流量大，接触的会员更多，对教练的技术提升会更快，而工作室对教练的整体素质要求可能会更高。如果你刚刚入行，建议先从健身房开始，遇到的问题多升的速度就变快。

3. 我是一个刚入行的教练，怎么发展

误区：销售全凭一张嘴，只要敢说就行。

解析：首先考一个私人教练证书，然后一定要花时间把自己身材练好，在工作中务必做到服务好于老教练们。

4. 如何保持和会员之间的距离

误区：和会员关系过近，称呼随意，姿态不正式。

解析：首先凡事先说“您”，还要保持正确的站姿及坐姿。

5. 会员喜欢什么样的教练

误区：长得帅的、嘴甜的教练。这可能是大多数人对于会员想法的错误理解，颜值固然重要，但服务是首选。

解析：认真的教练和服务好、形象好的教练。

6. 现在会员自己都会练，怎么办

误区：不去指导或态度冷漠。

解析：（1）我们有放松调理课、伸展课及脊椎护理课程。会员自己会练，我们帮他调理。（2）给会员制订完整计划。以新的训练方法和计划吸引会员，要知道，作为教练，我们能够更快学习到新知识；更擅长做计划。

7. 怎么对待不买课的阿姨们

误区：不去理会这种人。

解析：要知道，每个店里总有一些，来聊天洗澡，也不好好练的阿姨，但每日见面多打招呼，多帮助她们。她们会在会员中帮助你做无形的宣传，而且效果超好。

8. 刚做教练时，健身房不让上课怎么办

误区：不让上课，怎么可能卖得出去课？！

解析：如果连课都卖不出去，怎么证明自己能上好课。

9. 我口才不好，是不是不适合销售

误区：销售就是靠嘴忽悠。

解析：销售的确需要语言沟通，但销售绝不是单纯靠嘴忽悠。那些有一定消费实力的会员一定有过人之处，很多传统的销售模式可能是会员早就玩过的了。如果你能做好产品介绍、写好计划、做好本职工作、练好身材，就已经成功了一半。

10. 工作第一年没会员、收入少，想改行

误区：教练挣钱少，没前途。分给我的会员质量也不高。

解析：所有教练在第一年的时候都会有适应期，于是想放弃，以及不好卖课的阶段，只要我们做好训练计划和提升服务慢慢会员就会喜欢你。轻易放弃的话，即便转行了，还会遇

到同样的问题。突破的办法一是坚持做好每一天的工作，二是出去走一走，学习或旅游，给自己换换脑子，会豁然开朗。

11. 常听到会员背后议论自己身材

误区：虽然我身材不好，但我技术好呀！

解析：首先明确的是，会员之所以在背后议论教练的身材，是因为对教练的专业度并不认可。很多教练认为身材不好没关系，只要专业知识过硬就行。但是会员并不这么想，如果教练连自己的身材都练不好，那怎么可能让会员练出效果？所以，会员的议论是警醒剂，在告诉你该改变了。

12. 卖不出大单

误区：会员质量不好，买不起那么多课。

解析：很多时候不是会员买不起，而是教练没有设计大单。这就需要教练做好产品介绍、做好幻灯片、设计好不同的打包课程——想要卖出大单，首先要敢设计大单，即设计出完整的计划。

13. 除了上课就是回家，太枯燥

误区：做教练太枯燥了，一点业余生活都没有。

解析：什么事情做久了都会枯燥，解决办法不是换工作，更不是放假、休息、看电影，一时的轻松并不能阻止枯燥感卷土重来。试着在上课时发现问题。教练之所以感到上课很枯燥，通常是因为在会员做动作时自己不知道干什么，只知道数数，还要一直等着会员做完。其实，在此期间，教练要做的

最重要的事情，就是发现并纠正问题。这样你会发现，每节私教课不仅有好多事情要做，而且非常有趣。每一次的改进问题，都让自己从中找到乐趣，不断成长。

14. 天天加班，超过法定工作时间

误区：没有加班费，不加班！

解析：没错，教练每天的工作时间不固定，有时甚至连休息日都要上班。但是，作为教练，一定要有那么两年，每天工作12~14个小时。只有不断上课，你才能证明自己、提升自己。会员看到教练很闲，会认为你的课不吸引人；出于心理定式，会员更喜欢找比较忙的教练上课。换个角度想，任何一个工作只朝九晚五，收入都不高，想挣钱，先付出比别人多的时间。

15. 受不了业绩压力

误区：压力太大，受不了就走人。我只想做好技术，不想做业绩。

解析：在职场中，压力在所难免，当我们遇到压力时，应该想办法解决问题，而不是逃避问题。困难无处不在，就算换个地方、换个工作，还是会遇到类似问题。逃避只会一事无成。感到业绩压力大的时候，首先要找到问题所在，再把每个问题都当作一次挑战，解决它！

16. 法定节假日不放假，我不干了

误区：公司这么安排不合理。

解析：一个企业想要发展得更好，就要比其他企业更加努力；一名教练想要成功，就要在别人休息的时候继续努力。越成功的人，用于工作或事业的时间就越多。你是想证明自己，还是想平庸一生？公司在法定假日是会放假的，但努不努力完全取决于你自己。

17. 老板让我带团课，要不要上

误区：我是私教，才不带团课。

解析：如果有这个机会的话，建议带团课。团课不仅能让更多人认识你，还有利于开发私教课。

18. 没钱学习怎么办

误区：等先挣点钱再考虑学习吧。

解析：不要等到有钱了才学习，而是要先学习才会变得有钱。等到你挣到一点点钱后，往往首先想出去玩，或是做别的用途，而不是学习。如果实在没钱，也可以考虑借钱学习，有压力才更有动力。我也是在做教练的初期借了很多钱学习，因为快人一步，才有了现在的成绩。

19. 学得越多，课越不好卖

误区：会员喜欢专业的教练，我要把精力都放在专业学习上。

解析：是的，你学得越多，想问题的方式就越复杂，说的内容也更专业，但有时候反而会给交流带来障碍。当然，这

是一个由简到繁，再由繁入简的过程，真正的高手，更能把高深的道理用浅显的话表达出来。实际上，会员更关心教练是否上课认真、是否注重服务细节，最后才是教练是否专业。所以，平时除了要学习专业知识外，也要提升服务意识，同时打造自己的形象。注意，一年学习3～4次即可，别学太多，尤其是不同种类的内容别学太多。

20. 为什么我的课不好卖

误区：总认为自己运气不好，会员又没钱，没有资源。

解析：努力的人很少会抱怨，抱怨的人很少会努力。课程不好卖，关键也许就在于你经常抱怨、发牢骚，而不是努力解决问题。没有做好最基础的服务，什么是基础服务：训练计划、鼓励、评估、保护和后续服务。

21. 教练日常应该怎么度过

误区：做一天和尚撞一天钟。下课吃喝、娱乐。

解析：健身比赛和培训证书应该列入教练的计划。教练至少要参加一次健身/健美比赛，其过程中增肌、塑形、减脂和特长表演的准备等经验，包括不同阶段的心理变化和需求变化，都将有助于你成为优秀的私人教练。此外，考取一个乃至几个健身类证书也很重要。随着健身行业的发展，只掌握一点基本知识的教练将会被淘汰，你需要掌握更多专业知识，比如心肺复苏、体能训练、孕产恢复等。每个人的差距，在于工作之余的那两个小时。

22. 工作烦了，想换个环境，怎么办

误区：做得不开心，换个地方干。

解析：现在的从业者，大多不愿受气、受点委屈就不想干，能忍的人，才能成功，所以烦了，可以出去旅游一下，换个环境会觉得一切都变好了。做任何事情都会遇到烦闷的时候，尤其发展遇到瓶颈，或思维遇到阻碍时。最好的解决方式就是请几天假，出去看看。如果能参加一下国外的健身大会，效果更好。其次是让自己在工作中不断发现新的问题并改进。虽然每天上私教课，但是每节课都可能会遇到新的问题，那就寻找新的方案，乐趣来自于帮助别人解决问题。

23. 如何接触高端客户

误区：看到有钱人，服务更积极主动。

解析：首先明确高端客户需要什么样的私人教练，会员更希望在看到效果的同时，还能感受到细致的服务。所以，你能更注重细节、更有品位、更认真，自然能吸引到高质量会员。

24. 怎么安排学习计划

误区：每个月出去学习一次。

解析：

（1）学习次数，以一年不超过两次证书类课程和两次国内或世界级的健身交流盛会为宜。如果你有一万元，那么建议出国参加交流会，对开阔眼界和确立发展方向有极佳的效果。

（2）学习种类，以运动训练为主，康复为辅。67%的健身人群希望通过健身减肥塑形，99%的女性都希望瘦腿提臀，这一大市场足够我们发掘。改善亚健康、康复也很好，作为辅助发展项目即可。因为很多医疗机构、物理治疗中心同样可以做康复，会员更相信医疗机构。

（3）学习地点，则本地学习的效果不如外地学习，外地学习的效果不如出国学习。当你换了一个环境学习，虽然路上的成本变高，但学习效率明显提升，关键是视野的开阔。你会发现，原来别人是这样做的，原来很多东西还可以那样做。本地学习，总会受家庭琐事、工作、朋友的影响，而不能专心。

（4）实践是检验真理的唯一标准。无论训练还是上私教课过程中，都会有新发现，对以前不明白的知识点或许会豁然开朗。

25. 在进修中常遇到的问题

（1）没学对最重要的事项。教练往往选择自己喜欢的课程，而不是会员喜欢的课程。是先赚钱还是先实现自己梦想？很多人没搞明白。

（2）网络课堂适合非动作类课程，如英语、交流、营销等，不适合运动类课程。

（3）切忌杂而不专，比如瑜伽分为很多流派，初学时最好在一个体系内学习，才能保持思路清晰。

26. 该学习什么

误区：学习自己喜欢的课程，而不是会员喜欢的课程。

解析：以减脂塑形为主的课程是主要学习方向，其次是国际国内的交流大会，再其次是康复类课程。看书和旅游，是最好的学习。如果有时间，每周给自己一个任务，看完一本书。如果有时间，每天给自己一个任务，学习英语一个小时。如果有时间，一定要见识一下发达国家的健身市场。

27. 工作5年了，要不要换家健身房

误区：换个地方，换种生活方式。

解析：忠诚，是在任何一个企业发展的首要条件。如果这个企业处于上升期，忠诚度会让你发展得更远。如果老板

每天奋斗在一线还爱健身，值得你跟随。成为一个行业的专家，至少需七年。

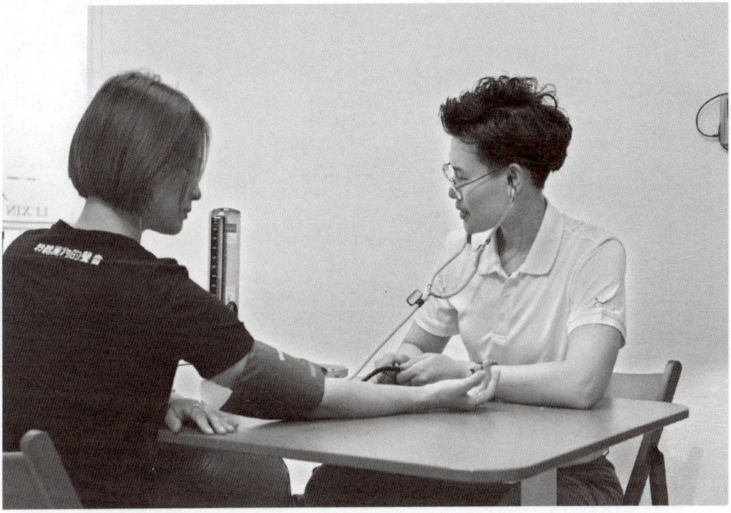

28. 做管理还是做私教

误区：教练做得不开心，改做管理。

解析：看你适合哪一类工作。从收入角度讲，教练的收入要好于管理层；从发展角度讲，坚持做好一件事才能成功；从行业角度讲，健身行业中层管理者更为操劳。

29. 我适合创业吗

误区：教练做得不开心，想自己创业。

解析：以下条件可供参考。

（1）工作时间10000小时。

（2）拿到所在地区的销售冠军（不只一次）。

（3）在大公司做过管理运营。

（4）攒够100万元。

未满足以上条件不是不能创业，而是遇到的困难要明显增多。

30. 和别人合作开店

误区：各占50%股份，五五分成。

解析：首先，最少有一人占67%的股份，千万不要股份均等。另外，最好和擅长不同领域的人合作，以避免不必要的技术争执。

31. 有人给我投资，开家店吧

误区：同意开店，直接离职创业。

解析：会员给你的投资，是希望做一家他/她喜欢的店。在合作的前三年双方不会出现太多分歧，但是三年之后分歧就会变得明显。因为会员想按照自己喜欢的方式发展店面，而教练想的是如何让工作室发展更大，意见不一致的话，矛盾会越来越大。更何况，别人说只出资金，不参与管理，结果最后还是会参与管理，搞得员工都不知听谁的。如果你要创业的话，建议最好先用自己的钱创业。

32. 受不了老板的气，自己开家店吧

误区：开一家属于自己的店，不再受气。

解析：如果连老板的气都受不了，如何面对社会上的气呢？要知道创业所要承受的压力，要远超出做教练。

33. 教练的发展路线

误区：教练吃的是青春饭。

解析：教练的发展路线其实有很多。

（1）继续做教练：通过不断努力，让自己成为五星级私人教练。如果能做到8年以上，而且是在同一家店，收益是极大的。

（2）管理层：比较辛苦，但管理经验和私教经验都可以提升。如果你打算创业，那就需要学习一些管理方法。但如果只是为了挣钱，建议继续做教练，因为不需要操太多心就能挣很多钱。

（3）创业：创业必须具备的条件是"有钱"或"有技术"，两样都具备最好。如果都不具备，那建议先做好一名私人教练。

（4）培训师：到处出差，然而收入并不高。做培训师的前提是，最少要有10000小时的带课经验。

（5）其他行业：做不下去了，转行做其他。这类人的惯性思维是遇到挫折逃避，而不是坚持或解决问题。

34. 瑜伽教练有什么发展路径

误区：自己开瑜伽馆。

解析：从商业角度讲，单一的瑜伽已经不能满足会员的需求，需要开设多种类型课程。并不是每个人都适合做商业经营。从增益技能的角度来说，可以考虑两个方向。（1）学习健身教练课程，系统了解如何增肌减肥和康复。（2）学习瘦身团体课，能够有效帮助会员瘦身。

第二节　人际关系：如何处理和同事的关系

在职场中，我们难免会和同事发生这样或那样的冲突，有些冲突可能时过境迁，有些则导致针锋相对，甚至大打出手，不仅影响同事感情，还会给会员留下恶劣印象，导致不敢请相关教练上课，因为会员怕你哪天也会对他发脾气。其实，教练之间的冲突，大部分都和业绩有关，大部分也都是可以化解的。

记住，平时要在同事间表现得谦卑，多说“请”“谢谢”“麻烦你”“可不可以”等语术，是处理关系最好的方式。

1. 同事和我抢单

误区：和同事争锋相对，甚至产生口角。

解析：在以后的工作中做好预防，做别人做不了的项目。比如制订详细的训练计划，给会员安排合理的饮食计划，选择别人不注意或不愿做的事来做好。

2. 同事在背后和会员说我的坏话

误区：也在背后说同事坏话，互相诋毁。

解析：与人为善。对于说别人坏话的人，听的人自然明白不可交，不用太过担心。会员在这方面比我们明白得多，只要做好自己就行。

3. 我的会员和其他教练关系比我好

误区：努力去和会员把关系变得更近。

解析：千万不要，距离越近越不好卖课。保持适当距离最好。只要计划完整，上课认真有效，会员不会“朝秦暮楚”的。

4. 我的会员要买其他教练的课程

误区：诋毁其他教练，说他们上课没自己专业。

解析：为会员考虑是第一位。遇到这种情况，教练心里可能确实不舒服，但给会员的建议是，不同的教练擅长的方向也不同，不同的课程都要上。自己还要不断提升，让会员体会到你的进步。你一直在进步，会员是不会离你而去的。

5. 同事悄悄联系了我服务的会员

误区：记恨同事，从此不搭理他。

解析：生活、工作本身就存在各种竞争，关键是要有核心竞争力，让别人难以超越。请记住以下三项内容，它们将会成为你独到的竞争力：出众的形体、细致的计划、认真的服务。你的特殊性决定了你今后的发展。

6. 同事经常指导我的会员

误区：警告这个教练，不要干扰我，不要抢我的会员。

解析：指导无非两个原因，一是要抢你单，二是看到问题。无论是哪种情况，我们都可以不变应万变——当作看不见，在训练时更加认真负责。注意，无论何时，都不诋毁他人。

7. 其他教练对我的会员说我教得不对

误区：他的才不对呢，他根本没有资格说我。

解析：这么说完后，会员都会觉得你小家子气。你应该回答，每个人都有自己理解的方法，每个问题也有不同的解决方案。我们是从这个角度出发的，并讲解一下你的理论。

8. 自己业绩太高，遭到同事冷落

误区：高处不胜寒，继续孤傲。

解析：定期给同事一些建议和技术指导，让大家一起进步。平时也要嘘寒问暖，不要让自己高高在上。越厉害的人，越谦卑。其实是你自己把自己捧得太高了而已。

9. 其他教练约我的会员出去吃饭

误区：感觉在抢我的会员，怀恨在心，找机会报复。

解析：教练与会员之间的关系，要保持一定距离。其他教练和你的会员之间没有课程关系，他们可以走得近一些。真正能维持好关系的还是技术和服务。短暂的亲密关系比不上保持距离的神秘感。更要了解的是，你是以技术和服务打动会员的。

第五章

如何上好一堂私教课

没有不好的学生，只有不好的老师。一堂好的私教课，应该像行云流水般顺畅，而不是手忙脚乱、不知所措。所以流程很重要，一堂好的私教课不光要有热身、拉伸、正式训练等必要环节，还要有筋膜放松、核心激活、弱链激活等增值步骤。

私教课一般流程［讲解指导单个动作时］

以下是一套完整的训练讲解流程，按这个模式，很容易被会员接受。

（1）先做示范，讲解目标肌肉。

（2）讲解注意事项，但每次不超过3个。

（3）让会员做动作，教练在旁边指正。

（4）指正时，分别从侧面观、背面观和正面观去观察会员的问题。

（5）借助一点发力方式和形象化描述。

（6）多鼓励会员，辅助完成最后1～2次。

（7）帮助会员放下器械，讲解问题并做记录。同时辅助其伸展放松。

私教着装举止要求

（1）身穿白色POLO衫，显出腰身，但不太过紧身；显出结实有型的手臂，但不太暴露；显示挺拔的胸部，但不露点；显示专业身份，所以带领子；因为专业，所以白色。很多时候，你的业绩，就差一个领子的距离。

（2）下身的服装颜色要深于上半身。不要显得过于暴露。男士可穿收脚裤，女士可穿紧身七分或九分裤。要显示标准身材，显出翘臀和修长的双腿。搭配运动鞋会看起来更具活力。

（3）手拿私教盒，里面装着毛巾、水杯、上课常用的小工具。最重要是手拿iPad，随时记录上课内容及问题。

（4）和会员称呼“您”“请”；对熟悉的会员也要称呼“姓氏+先生/女士”。

（5）辅导会员时，采用标准站姿，或单膝跪地辅导。

第一节　菜单

这一节的主要内容是教给大家如何制作属于自己的专属菜单。

传统的产品介绍中，我们总是说增肌、减脂、塑形，但在如今这个商业化、产品化的时代里，这样的产品介绍已经很难再吸引到会员，所以如何设计产品并将产品分类，成了现阶段教练们的首要任务。

除了产品的介绍和划分，菜单如何能做得更吸引人也尤为重要。首先是颜色的选择，其次是背景图案的搭配，而如何让会员看完菜单后就想“点菜”才至关重要。

菜单的作用在于，客人一进店，我们就展示出自己店内的特色，有别于其他健身房、工作室。同时，第一时间找到客户需求，促进后续的营销，这一方法可以提升50%～70%的业绩。

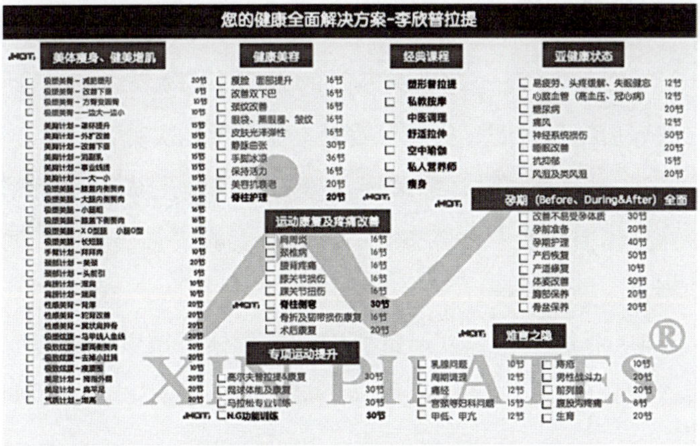

1. 什么是私教产品

简单来说，产品可以理解为满足人们某种需求的东西，比如水满足了人们口渴的需求，食物满足了人们饥饿的需求，衣服满足了人们保暖的需求，健身满足了人们追求健康和美的需求。

但是，普通产品已经很难满足客户的需求，拿健身来说，人们前些年的需求比较初级，比如改善健康状况；近些年的需求则比较高级和细分，比如局部塑形。

只要是能帮助会员解决问题的事物，都可以称为"产品"。

2. 产品划分

（1）美体瘦身，健美增肌。久坐肥胖困扰很多人，通过运动瘦身减肥，正好满足了客户爱美的需求。但是随着大家对美的不断定义和更新，单纯的瘦已经不够，瘦且有形成为人们追求的目标。人鱼线、马甲线、蜜桃臀、虎头肌、公狗腰……这些新名词，体现着健身人群的新需求。

（2）健康美容。"健身是美容行业的最大竞争对手"，这句话有一定道理。健身对容颜的影响十分大。久坐不动的人，锻炼后精气神明显提升，效果不亚于做几次美容。

（3）运动康复及疼痛改善。70%的疾病源于缺乏锻炼，而80%的身体损伤和不良体态有关。健身能够改善很多慢性病，帮助康复，增进健康。

（4）亚健康状态。通过肌肉训练和体态改善，可以有效缓解亚健康状态，比如办公室人群常见的偏头痛、鼠标手的问题，都能通过健身得到改善。

（5）孕产期。无论是孕期还是产后，运动是必不可少的。适当的训练，不仅有利于生产和产后恢复，而且能提高孕期的安全系数。训练重点是骨盆底肌、呼吸、平衡训练等，也可以适当训练背部及臀部。

（6）难言之隐。通则不痛，通过拉伸和骨盆周围的肌肉训练，能够激活淋巴系统，促进循环，改善男科和妇科疾病造成的问题。

（7）专项提升。专项的训练计划，以体能和技巧训练为主，帮助提升训练效果。针对专业人士，提供技能提升和预防损伤的训练。

3. 菜单要素

（1）标题。会员喜欢的标题一定是他们自己感兴趣的，标题要直指会员的需求。

（2）颜色搭配。颜色不超过三种，字体统一。

（3）细节。在私教工作室的教练可以写上课程节数，在健身房工作的教练则不用写；菜单中一定要有勾选的位置；建议用自己店的logo，以建立品牌概念。

第二节 私教课的9个步骤

这是一堂完整的私教课程，共有9个步骤。一节课下来，给会员的感觉不是很累，但效果很好。最初，教练可能不大熟悉流程而手忙脚乱，或控制不好每项的时间。不用担心，经过实践，你会让会员更喜欢你的课程。

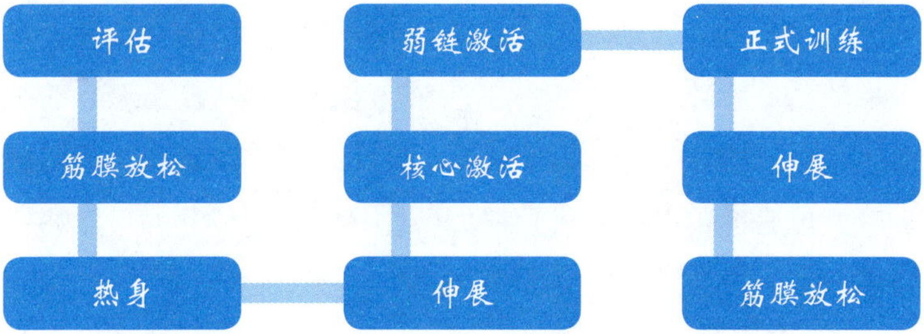

1. 评估（1分钟）

在会员来上课时，对会员现在的身体状况进行评估，比如来之前吃没吃东西、上次练的部位是否还酸痛、女性会员有没有来例假等。评估是为了更准确地把控这节课具体的强度，也是为了让会员的训练效果最大化。第一次进行评估需要花30分钟左右，以后每次1分钟左右即可。

2. 筋膜放松（3~5分钟）

筋膜放松分为主动放松和被动放松。主动放松通常是会员自己用泡沫轴进行自我放松，目的是放松紧张肌肉。被动放松通常为教练用手法或按摩棒等工具帮助会员放松紧张肌肉，目的是避免紧张的肌肉在训练时出现代偿现象，也是为了更好地提高训练效果。筋膜放松一般3~5分钟，过长时间反而不利于训练。

3. 热身（3分钟）

热身是为了加快身体的血液循环、提高代谢，热身的又一目的是建立正确的运动模式。建议用椭圆机或是跑步机进行热身，目的是建立臀部的正确发力模式。由于现在人们久坐，导致大小腿过于紧张，而臀部过于松弛无力，做完筋膜放松后再进行热身，可以更好地建立正确的运动模式。

4. 伸展（3分钟）

伸展就是拉伸筋膜放松无法揉到或不方便按到的地方，

比如髂腰肌、胸小肌等。伸展的目的同样是放松紧张的肌肉，还可提高肌肉的控制能力。伸展一般3分钟左右即可。

5. 核心激活（1分钟）

这里的核心更多是指腹横肌，腹横肌不仅是腹肌的深层肌肉，它还起到稳定躯干的重要作用。当腹横肌有力时，腰椎的压力就会变小，再做任何训练时都会事半功倍。

6. 弱链激活（3分钟）

弱链激活通常是指激活目标肌肉或是起到稳定的肌肉。比如很多人在练臀时找不到肌肉发力，其实我们就可以通过弱链激活提前调动这块肌肉，这样在做正式训练时，臀部的感觉就会更明显。

7. 正式训练（45分钟）

第7步才是正式训练，而传统的训练模式通常第2步或第3步就已经开始正式训练了。之所以前面要有这么多步骤，目的都是为了提高正式训练的效果。

8. 伸展（2~3分钟）

训练后的伸展是为了放松紧张肌肉，避免训练后出现肌肉痉挛或抽筋等现象。

9. 筋膜放松（2~3分钟）

课程最后的筋膜放松是为了帮助乳酸代谢、促进血液循环、提高代谢能力、帮助身体恢复。

第三节　私教课的9项准备

一次好的美食体验，离不开食材的准备；一堂好的私教课，同样离不开道具的准备。

以前，有人认为，只要帮会员做好拉伸、保护和指导，就可以算是一堂好的私教课。但随着健身普及及市场对健身服务要求的提升，仅做到以上还远远不够。

除了上课要有流程，私人教练还要做以下9项准备，它们同时也是评估教练是否合格的重要标准。

1. 准备好你的工具

私人教练要准备一些会员专属的上课小工具。应该携带的有：iPad、毛巾、按摩球、弹力带、私教盆等。可以统一把它们收纳到私教包中，如果私教包带轮子，会极大地吸引会员们的目光。教练还需要备好泡沫轴、BOSU球、垫子等较大体积的工具，用以辅助课程。以上所有工具会在下一节做详细的介绍。

2. 上课记录

上课记录是教练每堂课必做的事情，教练需要记录的内容包括：（1）会员在做动作时出现的问题；（2）下一节课的改进方案；（3）每节课的注意事项；（4）上课和下课时间。私教每一堂课的记录次数，不能低于5次。详情见后附的私教常用表格。

3. 保护

一堂能让会员有效果的私教课，教练的保护和辅助起到至关重要的作用。通常教练在给会员选择重量时，难免会有选轻或选重的时候，而此时想要让会员达到训练效果，教练就需要给会员一点外力帮助会员完成动作。重量大了，教练就要帮会员加点助力；重量小了，教练就要给会员加些阻力。

4. 观察

观察又叫鹰眼，这是教练必备的技能之一，也是一名专业教练的具体体现。在会员做动作时，教练首先要从矢状面看会员的动作是否标准，然后再从冠状面进行分析，当会员的动作大体没有问题后，我们还要看会员的发力顺序。比如会员在练腹肌时，我们要看他上身起来时腰先变细还是脖子先动，前者说明练到腹肌了，后者则说明在借力。

5. 鼓励

一堂好的私教课，教练鼓励会员的次数最少不低于50次，而且每组动作至少要鼓励3次。鼓励对会员的帮助，不亚于保护和辅助。当会员非常累甚至不想再坚持时，教练的鼓励可以更有效地帮助会员突破极限，提高训练效果。

6. 伸展

在课前、课后和组间休息时，教练都可以为会员做拉伸。课前拉伸是为了放松紧张的肌肉，避免训练时出现借力或代偿；课后拉伸是为了帮会员更好地恢复，排除乳酸；组间休息拉伸通常包括拉伸目标肌肉和目标肌肉的拮抗肌，比如在会员练二头肌时，帮助其拉伸肱三头肌，可以使其肱二头肌更好地顶峰收缩。

7. 按摩

按摩的目的有两个，一是为了减少与会员的距离感，二是为了消除会员身体的疲劳，或提升训练效果。比如在训练前帮会员放松一下肩部，可以提高练背的效果。再如有些肌肉不是很好拉伸，同样可以通过按摩来达到放松的目的，比如菱形肌。但要注意，不要过长时间，过长时间的话会让会员有依赖感，以后不训练、只做按摩。

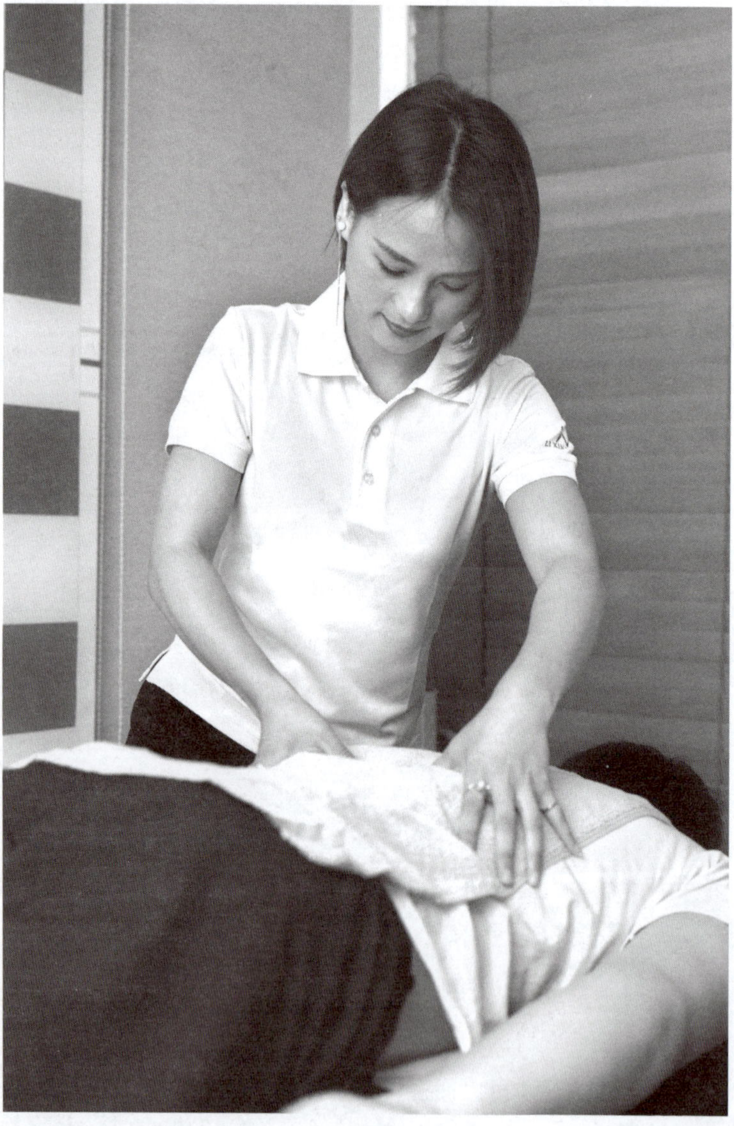

8. 询问

为了帮助会员更好地达到训练效果，教练要经常询问会员的身体状态及感受，比如选择的重量是否合适、目标肌肉是否有感觉，如果会员回答“有一点”，那么就是没有感觉，因为会员是在照顾教练的感受，所以不好意思说没有。训练前我们也可以对会员进行询问，比如询问会员在来之前有没有吃饭、吃的什么、几点吃的，再比如上一次的训练感觉如何、现在身体还有没有疼痛等。

9. 评估

（1）体态评估。体态评估是会员在购买课后，教练首先要做的事情之一。因为不论会员是增肌还是减脂，体态都至关重要。通过体态评估，我们可以分析出哪些不良体态会影响会员减肥，在设计计划时应该优先练哪些部位。

（2）RPE。运用主观运动强度量表，就是通过主观的自我感受来评估运动的强度。这是运动强度等级的一种反映，数值越大，强度越高。现在应用较多的是分为1~10共10个级别的新量表（亦称CR-10），十分简洁。一般来说，康复、心脑血管疾病和孕期训练时，强度不超过5；增肌、减肥训练时，强度为6~7；比赛中的强度为8~9。

（3）PAR-Q问卷。PAR-Q问卷是会员在运动前需要填写的安全调查问卷，因为我们需要了解会员都有哪些重大疾病史或慢性疾病等。有了PAR-Q问卷，我们就知道为会员上课时需要注意哪些。

（4）人体成分分析。人体成分分析简称为体测，体测不仅可以分析出会员的身体状况，同时还起到记录的作用。定期为会员体测，可对比训练效果。

第四节　使用小工具

使用小工具是为了提升私教课的质量，以及增加课堂的趣味性和效果。下面列举一些可以让训练效果事半功倍、体现教练服务价值的工具。

我们介绍小工具，重点说的不是如何使用，而是如何提高教练的服务质量和课程的新鲜感。很多时候会员不来上课或不再续卡，不是因为教练技术不专业，而是因为课程的内容枯燥。健身本身就需要克服惰性，如果课程设置再缺乏吸引力，会员就很难坚持。所以小工具对教练来说尤为重要。

1. 私教盆

私教盆一直是我们提倡使用的私教必备工具，首先它的作用是收纳，私教盆里通常可以放iPad、毛巾、水、会员的手机、弹力带、按摩球等，乃至女会员的头绳。私教盆的好处是方便会员训练、节省会员时间、体现服务价值。

2. iPad

用来为会员写训练计划，在上课时记录会员出现的问题，以便下一次改正。iPad还可以为会员设计PPT，这是私教销售的法宝之一。注意，虽然拿手机更方便，但很容易被会员误解为在玩手机，而iPad会显得更正式一些，能够给会员“很专业”的感觉。

3. 毛巾

首先需要强调的是，这个毛巾不是给会员擦汗的，而是用来提高训练效果和展示服务细节的，后者需要会员自备。

（1）提高训练效果。很多会员在做动作时，经常出现关节稳定性不够、骨骼排列不正确的现象，此时就可以用毛巾帮助会员。比如，会员在做卧推时颈椎不舒服，可以把毛巾折叠到合适的厚度，放在会员脖子下方，帮助其保持正常颈椎曲度，从而提高训练效果。腰椎也是如此，会员在做下肢器械训练时，最难保持的就是正常腰曲，此时同样可以把毛巾折叠到合适厚度，放在会员腰椎的下方，帮助其维持正常的生理曲度。

（2）展示服务细节。毛巾还可以用来辅助和按摩。教练在上私教课时常对会员辅助保护或帮着按摩伸展，直接“上手”会遇到一个问题——当会员出汗，尤其穿得不多时，直接碰触会员身体会让双方都感觉很不舒服。此时就需要用到毛巾。

（3）减少不必要的身体接触。如第（2）条所言，在上课时，为了减少身体接触，尤其是异性之间的，需要借助毛巾作为隔挡物。

4. 垫子

垫子是健身房必备的工具，也是共享较频繁的工具。经常有人把沾满汗渍的垫子放回原位就走了，时间一久就会导致垫子出现异味，甚至颜色发生变化。为了提高会员的服务体验，教练最好准备一张专属垫子，仅给购买私教课的会员使用，每节课结束后都要擦拭垫子。让会员知道，和教练上课不仅可以提高训练效果，还可以避免不必要的卫生问题。

5. 弹力带

弹力带有很多种款式，作用也大不相同。有的弹力带适合做辅助，有的适合做训练，有的适合做激活。弹力带最重要的作用是调动核心发力，提升训练效果。比如，在会员做俯身杠铃划船时，将弹力带绑在杠铃杆上，向会员的斜前下方拉，不仅其背部会找到感觉，而且其腹肌也会收紧。再比如，会员在练深蹲时容易内扣膝关节，可以把弹力带绕在其大腿处，施加外力来改善动作。

6. 泡沫轴

训练前帮会员放松紧张的肌肉，是避免其出现代偿并提升其训练效果的好办法，泡沫轴是最佳的选择。训练前让会员揉一揉泡沫轴，可以促进血液循环、加快身体代谢。对于减脂会员来说，可以提高20%～30%的减脂效果；对于增肌和找不到发力感的会员来说，还可以激活目标肌肉。就拿臀部来说，久坐使得臀部紧张且无力，训练前放松臀部可更容易找到臀部发力的感觉。注意，除了垫子外，其他工具也要准备一份会员专属的，泡沫轴更是如此。这样不仅会员能够感受到你的服务细节，而且有助于提高私教价值，让会员更认可你。

7. 按摩球

按摩球较小且方便携带，放在私教盆里刚好合适。训练中和组间休息时，可以用按摩球帮助会员放松，比如练背的时候用来放松菱形肌。有人认为，组间休息帮会员按摩或拉伸即可。这当然没问题，但有些部位用按摩球放松更好。比如，很多男性在练胸时，胸肌中缝没有感觉，此时如果用手帮助对方按摩胸部的话，就会比较尴尬，而按摩球无妨。

8. BOSU球

瘦肚子、练马甲线、练出腹肌，一直是会员在追求的目标。很多新会员很难理解腹肌发力、核心收紧这样的概念，遑论训练感觉。很多会员依旧认为，瘦腹就要练仰卧起坐才有效。其实，瘦腹的秘诀在于，学会收紧腹横肌，也就是我们常说的“腰带”。而在不稳定的情况下锻炼，最容易找到腹横肌发力的感觉，比如BOSU球。前期，会员不需做其他动作，只是站在上面就已经很累了，而且腹肌会得到明显收紧。BOSU球可以应用在核心训练部分，因为动作简单且效果明显，这样会员在做正式训练时就不容易出现肋骨外翻或是腹肌收不紧的现象。

第五节　私教课丢分行为

在上私教课时，有哪些行为不该做，会导致减分？

越高端的会员，越在乎细节。以下这些不经意的举动，都要严格注意了。

往往是你的一个小举动、一句话，影响了课程，影响了业绩。

1. 玩手机

教练一定要有职业素养，会员既然花钱请教练了，那么这一节课或这一个小时，就应该专心为会员指导服务。试想一下，医生在手术进行到一半的时候，突然拿起手机在玩会是什么结果？健身同样如此，如果在你玩手机时会员发生意外，你的职业生涯可能就此结束了。可能你会觉得当时打来电话和微信的人很重要，但最重要的是你正在服务的对象，不是吗？

PRECOR

2. 聊天

无论是跟私教会员还是跟其他人聊天，都是不恰当的。比如正上课时碰巧过来一位老熟人，好久不见，于是你俩聊了一会儿。这种情况首先是对会员的不尊重，因为你把会员晾在一边了，会员就可能不再和你续课；其次是有潜在风险，教练的职责就是保护会员训练，如果突然走开，会员发生任何意外，教练都脱不了干系。有时私教会员会在课堂上主动与教练攀谈，这种情况在前面曾介绍过，我们应该认清本质，恰当应对。

3. 从头数到尾

数数可以很好地记录次数，但不要从头数到尾。这是很多教练经常出现的问题，比如一组要做12次，那么教练就会从1数到12。数数本身并没什么问题，但一直数的话，会员会很反感，他们会认为教练只会数数，还不如跟着健身APP练。其实在一组动作中，教练除了数数，还可以鼓励会员，帮助会员纠正动作，保护或辅助会员。

那什么时候数数呢？在力竭时数可以更好地鼓励会员。教练常在会员做起来时就数一个数，实际应该是落下去才数一个。在训练中我们要多注重动作的下落或还原，因为离心收缩比向心收缩更有助于增肌和减肥，能调动更多肌肉参与，从而消耗更多热量。实际上，会员减肥慢或做动作时腰疼，很有可能是没有控制好离心收缩。

4. 上课看美女

上课时三心二意，看见路过的美女就多看两眼，完全不专注。会员很聪明，会判定你上课不用心，不愿再续费。而其他会员看到，会认为教练不务正业，敬而远之。一望毁所有，还是“非礼勿视”比较好。

5. 上课犯困

每天上10节课及以上的时候，教练会容易犯困，特别是在辅助会员练腹肌时，数着数着就打起了瞌睡。应当注意，不能让自己显出疲倦，如果上课时哈欠连天、打瞌睡，会员会认为你对他不上心、不重视他。也许你带了很多节课已经累了，但对会员来讲，这节课是新的、当天唯一的。你需要打起万般精神去努力。

6. 不关注会员

说了这么多，核心只有一个，那就是要随时关注会员。如果你不关注会员，那么会员同样不会关注你。上课的时候多鼓励会员，多用关注的眼神审视动作，多辅助动作。想要让会员续课、转介绍，首先教练要做好本职工作，让会员感受到你的专业、认真，这样他们才会继续跟着你练，也只有这样，他们才更放心把朋友介绍给你。

附录　私教常用表格

本书一直在强调计划和表格的重要性，一份规范、整洁、详细的计划，不仅能体现教练的专业性，而且能体现教练的服务价值。

很多教练做计划，要么写几个字草草了事，要么用手写代替，这样的计划很难得到会员认可。

本附录给出了一些模版，这是我们20年来的经验总结，曾得到很多会员的良好反馈。希望给大家一些启发，但不要完全模仿这些内容，毕竟每个个体都有独特性，我们需要对症下药。

这些日常表格，与会员的工作、生活息息相关。

要知道，训练计划是营销的关键，也是服务的关键。

1. 私教上课记录表

私教每日训练计划表				
日期	训练内容	问题	改进方案	注意事项
2018-02-08	坐姿蹬腿 深蹲 腿屈伸 腿弯举	没有腰曲	腰下垫毛巾	下次注意腰曲
2018-02-10	颈前下拉 坐姿划船 杠铃俯身划船 下压 仰卧臂屈伸	练背时 耸肩	放松斜方肌， 激活中下斜 方肌	注意沉肩

注：不是记录今天练了几组、多少次，而是记录今天出现什么问题、如何改进。

2. 女性减肥+饮食计划模板

减肥训练计划
客户资料： 姓名：××× 身高：××× 性别：女 概况：小时候一直跳舞蹈，生孩子前有运动习惯。 问题汇总： 1. 弹响髋，整个左侧都严重，左侧腰大肌也过紧。 2. 腰椎间盘突出，骶骨前倾，腰椎曲度过直（右侧腰椎3，左侧腰骶髂疼痛）。 3. 左肩弹响，导致左侧麻，冈上肌、肩胛提肌紧张；伴随圆肩。 4. X型腿，小腿跟腱过短且紧张，膝关节超伸，左脚轻微扁平足。 5. 乳腺问题（胸椎段竖脊肌、菱形肌、胸椎过直）。 6. 产后四年，其中两年未运动。 每日必做动作： （每日必做动作放在下午练习20~30分钟，有氧练习跟着上午的训练做） 1. 单手顶球顶墙，划圈；越慢越好。 2. 中下斜方肌的训练（弹力带）。 3. 陆上畅游。 4. 臀部两个放松动作（泡沫轴揉梨状肌和臀中小肌）。 5. 前臂撑侧踢（侧支撑练臀和肩关节稳定性）。 6. 有氧练习：坡度走，4.5坡度，4.5~7.5的时速；或者选择椭圆机训练，每次20分钟。 训练目标： 1. 背部、腹肌、大腿内侧、臀外侧，重点是脊柱生理弯曲改善，骨盆问题改善。 2. 减轻体重。脂肪减9公斤；内脏脂肪降低。每次训练，重点是泡沫轴放松下肢及臀部。

（续表）

时间	项目	动作	备注
星期一	上肢	①弹力带坐姿划船 ②弹力带中下斜方肌 ③弹力带菱形肌训练 ④坐姿哑铃（弹力带）推举 ⑤扶墙俯卧撑 ⑥仰卧BOSU球卷腹	每个动作3～4组，每组8～12次 训练结束后，做20～30分钟有氧运动（坡度走或椭圆机）
星期二	下肢	①站姿弹力带横向行走 ②健身球单腿弓步 ③肩桥 ④侧踢 ⑤双踢腿 ⑥滚动如球 ⑦坐球弹力带旋转	每个动作3～4组，每组8～12次 训练结束后，做20～30分钟有氧运动（坡度走或椭圆机）
星期四	普拉提	普拉提床全身训练，或垫上普拉提全身	也可作为休息日调理
星期五	上肢	同周一	
星期六	下肢	同周二	
星期日	休息		放松调理按摩

注：适合有一定基础的减肥者，一般健身2～4周后，可采用此建议。

饮食计划

时间	种类	备注
6:45起床	一杯400毫升温水、十粒枸杞泡开（每日8~10杯水）	枸杞一并吃下
7:00早餐	两片面包夹巧克力酱、三个蛋清、一小碗粥	
9:00训练	训练后15分钟，补充20克蛋白粉，配一根香蕉	
12:00中餐	150克牛肉、100克主食（土豆或粗粮）、150克西兰花	西兰花可清炒，蔬菜为白灼
18:00晚餐	100克虾或鱼、150克绿叶菜或其他（如芹菜、莴笋等）	下午3点左右可吃点坚果

3. 女性塑形+饮食计划模板

塑形训练计划
客户资料： 姓名：××× 年龄：××× 身高：×××172 性别：女 概况：小时候跳舞，有运动习惯，不能吃牛肉。 问题汇总： 1. 训练计划不规律，完全没有有氧。建议椭圆机。 2. 瘦腿、腰曲过直，胸椎5~12都过紧、肩胛提肌过紧。 3. 瘦肚子，平时腹部习惯性不收紧。 4. 扁平足，小腿轻微O形。 训练目标： 1. 减重、增肌、加强臀部腹部（每次训练结束有氧务必做、椭圆机、划船机，有氧时注意心率要求，20~30分钟慢跑或椭圆机）。 训练计划： 泡沫轴：足底、脚趾外侧三、胫骨前肌、小腿跟腱内侧、整个大腿、臀大中小肌起点；花生球中背。

（续表）

时间	部位		备注
星期一	臀、腹肌、有氧	战士三式、TRX壶铃单腿弓步、坐姿髋外展、侧卧屈腿打开、双踢腿；健身球卷腹、跪姿旋转、滑行盘下腹训练	每个动作3～5组，10～12个每组，下午练瑜伽
星期二	背、胸、腹肌、腰、有氧	坐姿划船、杠铃俯身划船、颈前下拉、坐姿推胸、悬垂举腿（夹小球）、倒卷腹、泳式	下午练普拉提
星期三	肩、手臂、腹肌、有氧	站姿哑铃推举、站姿哑铃侧平举、三头肌下拉、直臂下拉、仰卧臂屈伸、哑铃二头肌弯举健身球卷腹、健身球折叠、战斗绳训练	下午练瑜伽
星期四	休息	休息日做按摩调理	如遇到生理周期休息3天
星期五	重复周一		
星期六	重复周二		
星期日	重复周三		

注：适合中级训练者，偏重健身房的力量训练。

饮食计划

时间	种类	备注
6:45 起床	一杯400毫升温水、十粒枸杞泡开（每日8～10杯水）	枸杞一并吃下
7:00 早餐	两片面包夹巧克力酱、烤鸡胸50克、三个蛋清	
8:20 训练	训练前20分钟喝一杯鲜榨果汁（可配合适量左旋肉碱）	
10:30 训练后加餐	25克分离乳清蛋白（一勺蛋白粉）、半个香蕉（约20～30克）	
12:00 中餐	150克虾或鱼、100克主食（土豆或粗粮）、150克西兰花	西兰花可清炒
15:00 下午茶	巴旦木10颗（或者紫衣腰果10颗）	
18:00 晚餐	100克烤鸡胸、150克芹菜或绿叶菜	蔬菜为白灼
夜间	如果饿了，可吃2～3个鸡蛋清	

4. 会员一周饮食计划

会员一周饮食计划		
时间	种类及用量	备注
7:00	起床，400毫升左右温水	加快新陈代谢，最好刷牙后，上厕所前
7:10～7:40	训练，泡沫轴及伸展+背部训练	提高代谢
8:00	早餐：两片方面包、三个蛋清、适当花生酱、一杯谷物粉（超市有卖），及日常所需维生素、鱼油等	早晨补充最佳营养
10:30	一杯250毫升酸奶或8颗腰果	
10:30～12:00	有可能训练（训练后适当补充蛋白粉15克）	
12:30	150克牛肉、150克蔬菜（不要凉拌）、100克蒸土豆（正常土豆三分之二大小）	
14:00～16:00	有可能训练（训练后适当补充蛋白粉15克）	也可补充一些水果，但不要晚于16:00
18:00	晚餐：100～150克白肉（如鱼）、100克左右蔬菜，不要吃主食	
12:00	休息	期间如果饿了，可吃1～2个蛋清
另：	每日不少于8杯水，不吃生冷食物和过甜食物	

注：一般会员购买私教课后，我们都会给他们做一份膳食指导。但注意，我们不是营养师，不建议做食谱，而是膳食指导，即建议某个时间段吃哪一类食品即可。

5. 减脂计划销售模板

减脂计划销售模版					
阶段	名称	时间	次数	目的	方法
第一阶段	适应期	1～2周	1～2次/周	改善体态，提高体能，减肥	核心训练、筋膜放松、伸展、有氧运动
第二阶段	改善期	3～6周	2～3次/周	开始进入快速减肥阶段	结合功能训练、力量训练
第三阶段	蜕变期	8～10周	2～4次/周	疯狂减脂	加入瑜伽普拉提
第四阶段	平台期	3～5周	1～2次/周	快速度过平台期	注意动作质量、加强核心
第五阶段	雕塑期	6～8周	2～3次/周	针对薄弱环节进行重点雕塑	极塑美臀、拜拜肉
第六阶段	巩固期	4～6周	1～2次/周	巩固之前的训练效果	注意动作质量，适量提高强度
第七阶段	自行训练	1年	1次/2周	调整训练方案	根据当时最新的训练体系及身体状态安排计划

注：在卖课时，我们一般需要规划一下未来的训练方案，以规划课时数。此举亦帮助销售。

图书在版编目（CIP）数据

教练“好好说话”：晋级优秀健身教练365条指引 /李欣著. -- 北京：人民体育出版社, 2019.05（2024.1重印）

ISBN 978-7-5009-5550-4

Ⅰ. ①教… Ⅱ. ①李… Ⅲ. ①健身运动—基本知识Ⅳ. ①G883

中国版本图书馆CIP数据核字(2019)第057593号

*

人民体育出版社出版发行

北京中科印刷有限公司印刷

新 华 书 店 经 销

*

850×1168 32开本 6.5印张 141千字

2019年5月第1版 2024年1月第7次印刷

印数：16,301—18,300册

*

ISBN 978-7-5009-5550-4

定价：38.00元

社址：北京市东城区体育馆路8号（天坛公园东门）

电话：67151482（发行部） 邮编：100061

传真：67151483 邮购：67118491

网址：www.psphpress.com

（购买本社图书，如遇有缺损页可与邮购部联系）